Diego Brito

Sugestões de medidas e políticas públicas pontuais: para o Brasil, América Latina, Central e o mundo

Diego Brito

1

Sugestões de medidas e políticas públicas pontuais:
para o Brasil, América Latina, Central e o mundo!

Ficha catalográfica

S862a Brito, Diego, 1982 -
Sugestões de medidas e políticas públicas pontuais:
 para o Brasil, América Latina, Central e o mundo!
/ Diego Brito. – Belo Horizonte: Amazon, 2019.
210p.
ISBN13: 9781099241314

1. Administração Pública – 2. Políticas Públicas

I. Título
CDD: 350
CDU: 35

Diego Brito

Dedicação

"Dedico este trabalho a todos aqueles que, apesar das dificuldades, continuaram engajados no processo de construção de um país e mundo, realmente, melhor para todos!"

Sugestões de medidas e políticas públicas pontuais:
para o Brasil, América Latina, Central e o mundo!

Sumário

Introdução

Depois de participar de um debate na sede do CREA-MG, em Belo Horizonte em Agosto de 2016, ministrado pelos professores Emir Sader e Luiz Dulce com o nome de *Os Desafios do Brasil e da América Latina no Contexto Atual,* decidi elaborar este trabalho com o objetivo de tentar encontrar soluções práticas e pontuais para alguns dos muitos desafios que enfrentamos no presente. No entanto, bem antes disso, já vinha refletindo sobre o assunto. Para autor, sendo sincero, não se tratava de um bom momento para a realização deste trabalho, uma vez que já há algum tempo havia interrompido seus estudos em ciências humanas e sociais e vinha se dedicando a um curso de graduação em Sistemas da Informação, uma área que não tinha muita familiaridade. Mas gostei da ideia de empresas sociais e achei que poderia fazer alguma coisa neste sentido (ao mesmo tempo que procurava a ajudar a mim mesmo) no entanto, na prática, trata-se de algo bem mais difícil do que tinha inicialmente imaginado. Minha mente se direcionava para outros assuntos e me sentia tranquilo quanto ao rumo político e econômico que, finalmente, a América Latina e o Brasil haviam tomado, parecendo ter encontrado seu caminho. Do ponto de vista geopolítico o modelo liberal, capitaneado pelos E.U.A, parecia consolidado tendo como um único e definitivo centro de poder, a América. Com a eleição de Dilma Roussef, uma pessoa com perfil mais gerencial, sucedendo o ex-presidente Lula em seu último mandato acreditei que as medidas descritas aqui seriam naturalmente adotadas visto já possuírem um amplo conhecimento e experiências acerca dos assuntos do estado. Para seu primeiro mandato elaborei um conjunto de possíveis políticas públicas, com base em estudos e pesquisas (ainda que pobres e deficientes dada a relevância do tema) sintetizadas num pequeno livrinho, (*Algumas Ideias para um Presidente(a) da República*) que, em alguma medida, apontava para este caminho, o de uma melhor gestão do estado. Acontece que, de lá para cá, muitas coisas ocorreram, seja no Brasil, seja no mundo e, aquele cenário relativamente estável e consolidado que até outrora tinha percebido, se alterou por completo. No Brasil o PT perdeu força depois da deteriorização dos indicadores econômicos associados a uma crise política, junte-se a isso os casos de corrupção que abundaram na mídia. Na América Latina os rumos começaram a mudar depois de alguns anos sob gerencia de governos mais alinhados com a esquerda, o indicativo mais recente encontra-se na vitória de Macri na Argentina e da diminuição do poder no legislativo de Maduro na Venezuela, bem como a perda de força do PT no Brasil. Na esfera geopolítica Rússia e China reivindicam mais participação em assuntos extras territoriais e se consolidam como potências militares respeitáveis, a ponto de desafiarem a hegemonia americana no mundo. A atuação da Rússia na Síria e Ucrânia evidenciam que esta nação não veio apenas para retórica. A China, por sua vez, passa a desafiar a hegemonia americana tanto no campo militar como também na esfera econômica criando, junto com a Rússia, suas próprias estruturas. Um mundo multipolar passa então a ser reivindicado. Depois de ter realizado uma rápida, bem como deficiente leitura de ocorrências no âmbito geopolítico e, ao perceber a existência de muitos problemas que nos afetam, decidi dar algumas sugestões para minorá-los fazendo-se uso da análise e proposição de medidas práticas dado o contexto, com vistas ao mundo real (natureza e os recursos naturais, sociedades, nações, economia e as pessoas). Tentei refletir sobre os problemas pautado por uma visão e abordagem multilateral. Ou seja, que vise ser bom para todos. Pois, do contrário, do modo como as coisas estão caminhando corre-se o risco de ficar ruim para todos. A intenção consiste em propor soluções práticas e objetivas com a menor dependência da subjetividade (ainda que esta trata-se de um importante fator). A verdade é que, dada a complexidade e a importância das questões que podem definir até mesmo a continuidade da espécie humana na terra, deveria ter estudado e refletido muito mais, seja para ampliar o entendimento sobre os problemas bem como tentar propor soluções mais assertivas, no entanto as condições para isso me faltaram. Do ponto de vista da literatura materiais imprescindíveis que deveriam ter sido estudado antes de formular essas propostas consistem em alguns como Sobre a China e A Nova Ordem Mundial de Kinssiger que considero leituras imprescindíveis, bem como os trabalhos de Dugin para entender melhor o projeto russo da União Euro-asiática, além de Governança da China de Xi. Sem contar muitas outras obras. Apesar de citar aqui, pois julgo entender suas propostas, pois em parte já as conhecia, não pude ler ainda Capital no Século XXI de Piketty. Um trabalho de campo muito mais vasto, conversando com os próprios agentes envolvidos nos problemas para compreender seus pontos de vista, teria que ser realizado também. No entanto, fiz o que pude com as ferramentas que detinha no momento pois me pareceu ser melhor do que não fazer nada, visto se tratar de problemas de altíssima gravidade. Ainda que neste trabalho as possíveis soluções pareçam *"simples e coloridas"* no nível da implementação sabemos que não o é. Diria que foi realizado meio que às pressas sem as devidas condições necessárias para fazê-lo de um modo ótimo dada a importância das questões, mas acredito ter sido realizado de modo suficientemente bom. Em suma, foi que pude fazer. Uma sociedade humana, sobretudo erigida com base em uma economia e sistema capitalista, é composta por uma constelação de interesses distintos e, muitas vezes, conflitantes. O objetivo aqui é o de tentar conciliá-los de um modo suficientemente possível e harmônico dado contexto e não o de intrometer em assuntos internos de nenhum país, ou mesmo confrontar os interesses das chamadas *"elites"*, sejam elas locais ou globais. Ao contrário consiste, no entendimento do autor, na busca pela harmonização bem-sucedida desses interesses, ainda que possa não atender a todos inicialmente. Em suma, já que os problemas existem tenta-se aqui, dado um contexto, solucioná-los. Simples assim. Espero realmente, por ser objetivo, não ter sido intrusivo e ofensivo com minhas colocações.

Diego Brito

Por um Brasil, América Latina e Central mais feliz – Uma sugestão!

Apesar de não ser um estudioso tão perspicaz e com saberes tão profundos e avançados sobre politica e economia, respectivamente, como os grandes mestres Emir Sader e o lendário professor Delfim, resolvi sistematizar essas ideias e sugestões como meio de tentar contribuir com a solução de alguns dos problemas que hoje nos acomete. Certamente nem todas são boas e, muito menos, fáceis de serem implementadas. No entanto, por mais que se tente, não consigo negligenciar todos esses problemas sem ao menos tentar encontrar soluções. Reconheço que existem pessoas brilhantes em nossas universidades e administração pública e, nem de longe, pretendo com este trabalho subjugar ou ofender a inteligência de ninguém, sobretudo porque muito remete-se ao óbvio. Mas talvez exista algo de novo neste pequeno trabalho que possa contribuir com o sonho, muitas vezes adiado, de um Brasil e uma América Latina e Central que seja realmente boa para todos, esteja na administração pública ou não.

Na perspectiva do governante se este for incapaz de ouvir uma sugestão alheia sem se sentir ofendido (ainda que esta possa não ser boa ou estar incorreta), que visa melhorar seu próprio país, então definitivamente esta não é sua profissão. Pois como alguém pode querer governar outras pessoas se este incapaz de entender o ponto de vista do outro, de ouvir o outro, seja pessoa ou nação? Pior, como alguém que não ouve as pessoas pode-se dizer democrata, socialista, cristão, liberal, ou seja, lá o quer for? Que povo quererá um governante assim? Ao invés de ser uma dádiva, um governante assim, não seria mesmo é um castigo?

1 – Reforma política – Uma sugestão

Penso que se deve efetuar inicialmente uma reforma política que condense num máximo em 6 a 8 partidos cada qual com sua ideologia e os líderes destes se encontrarem com alguma regularidade para tratarem de temas comuns, dialogarem, bem como se criar uma agenda de trabalho comum. Cria-se secretarias nos partidos, por exemplo, do meio ambiente, educação e outras, para alocar os chamados caciques. Se as pessoas não se entendem dentro de um partido irão se entender num governo? Não faz sentido.

1.1 – Para se ter governos bem estruturados é preciso que se tenha antes partidos bem estruturados, compostos por um grupo político e profissionais bem preparados, com propostas e projetos que venham a agregar valor a sociedade.

1.1.1 – Com menos partidos o dinheiro do fundo partidário seria mais bem utilizado. Pode-se permitir candidaturas extrapartidárias como ocorre nos E.U.A.

1.2 – O ideal é que os políticos, tal como em outras profissões, tenham uma carreira mais linear e bem definida. Por exemplo, se desejar legislar então poderia ter uma formação específica para isso, como em ciências humanas, bem como iniciar sua carreira como vereador, deputado estadual, federal e por último senador, por gradação. No executivo como prefeito de uma pequena cidade, depois de uma cidade maior, governador e por último presidente.

1.3 – Poder-se-ia exigir uma formação mínima e mais específica compatível com o cargo. Como, talvez, se fazer um teste teórico ou prova, para em seguida se filiar a um partido e estar apto a disputar as eleições.

1.4 – Essas propostas só valeria para os novos políticos. Ou seja, aqueles que nunca disputaram uma eleição. Para os outros as regras permaneceriam as mesmas, salvo a diminuição no número de partidos.

1.5 – Ex-empresários e CEOs que desejassem participar da política poderiam receber alguns pontos adicionais na prova por terem menos tempo e disponibilidade para estudarem. A dedicação teria que ser exclusiva como em qualquer outra carreira pública.

1.6 – Criar um conselho para reunião dos ex-presidentes e presidentes dos partidos de tempos em tempos.

1.6.1 – A ideia de um conselho consultivo dos ex-presidentes não me parece ruim.

1.7 – Dever-se-ia impedir a indicação para a ocupação de cargos técnicos de altas responsabilidades, pessoas sem as competências necessárias para o exercício da função.

1.8 – Voto distrital.

1.9 – Candidaturas avulsas (sem filiação a partidos) quando qualificadas.

Sugestões de medidas e políticas públicas pontuais:
para o Brasil, América Latina, Central e o mundo!

O mundo vem tomando um formato incerto e perigoso, guerras comerciais e militares já estão ocorrendo e só tendem a aumentar cada vez mais, além da pressão de outros fatores. É preciso se moldar um sistema político, para que surjam novos líderes, capaz de responder a essas demandas uma vez que a administração estatal é muito complexa. Existe uma parcela de políticos que estão no exercício da atividade apenas para auferir bens pessoais e que se mantêm na ativa apenas para não serem punidos, pelos maus feitos, talvez estes possam se afastar da atividade (se desejarem), sem punições ou caça as bruxas (como é o caso do dinheiro ilegal que foi para o exterior) e se concentrarem no exercício de seus negócios como sugere o professor Manuel Casteli.

Talvez se possa pensar até numa indenização pelos serviços prestados a nação à aqueles que não desejam mais se envolver com a atividade. Mais do que ganhariam com seu exercício. Poder-se-ia pensar num sistema de recompensa, para ocupantes de cargos executivos, semelhante ao que ocorre com os CEOs em empresas que ganham remunerações adicionais conforme os resultados obtidos. Por exemplo, ao se melhorar indicadores como violência urbana, crescimento econômico, combate a corrupção e outros. O gestor receberia uma recompensa pelos seus feitos. Os salários também poderiam ser melhores sobretudo para ocupantes de cargos como prefeitos de grandes cidades, governadores e presidente.

Com menos partidos, sendo estes bem estruturados, poder-se-ia se criar secretarias específicas como meio ambiente, cidades, saúde e outras. Dirigidas por profissionais especialistas responsáveis por criar políticas públicas e o plano de governo (isto no futuro, porque inicialmente estas seriam ocupadas pelos caciques de outros partidos). Bem como se ocupar cargos chaves referentes as suas respectivas pastas. Os caciques de cada partido, com seus respectivos grupos poderiam ser inicialmente alocados dentro dessas secretarias. Com o tempo vai se tomando o formato conforme a observação acima. Pois, gostemos ou não, os caciques e coronéis existem e estes não aceitarão ser ignorados e\ou deixado de lados, uma vez que dominam os partidos.

Bandeiras como meio ambiente, educação, trabalho e outras, é obrigação de todos os partidos uma vez que a administração estatal precisa lidar com todos esses temas, o candidato pode ser uníssono ou monotema, já o partido não. Programas como os Ciências Sem Fronteiras podem também enviar alunos para estudarem em Harvard ou outras universidades de referência no ensino de política e políticas públicas, bem como outras disciplinas, como as dos BRICS para que estes, obrigatoriamente posteriormente, adentrem\participem do sistema político. Não podemos subjugar as ciências humanas.

Tinha-se que encontrar meios de se elaborar campanhas menos ofensivas para, posteriormente ao processo, os diferentes grupos possam se entender. Mais importante é que depois das eleições não sejamos mais centro, direita, esquerda ou petistas, tucanos, pedetistas. Mas todos brasileiros, argentinos ou venezuelanos e, mais importante ainda, unidos para trabalharem em prol do povo que os elegeram ou não.

Vale ressaltar que a administração estatal é muito complexa quando encarada com seriedade. Um estadista pode ser definido como aquele que sabe utilizar as diversas

Sugestões de medidas e políticas públicas pontuais:
para o Brasil, América Latina, Central e o mundo!

ferramentas do estado, daí a necessidade do preparo adequado. A politica consiste em apenas uma disciplina, das muitas, que a administração estatal exige. Logo não basta apenas ter boas intenções é preciso antes de tudo ir adquirindo, ao longo do tempo, competências. Seja o estado como entidade, seja o estadista com sua equipe na condição de manipulador das ferramentas do estado.

Para se promover a integração Latino Americana e Central, bem como com os norte-americanos, é preciso se criar estruturas comuns como as que vem sendo criadas, tais como o Mercosul, a Celac, a Alca. As agências de inteligência como a ABIN podem trabalhar de modo cooperativo com as outras agências de inteligências dos países da região. Cada nação, como fazem os árabes poderiam criar agências de investimento e depois se criar uma agência ou fundo de investimento Latino Americana e Central, o mesmo vale para os exércitos com já vêm exercendo atividades comuns, cria-se centros de pesquisas\universidades Latino Americana e Central, etc.

O chamado *"Federalismo"* não consiste numa medida ruim (no meu entendimento), no entanto antes é preciso qualificar a política, a começar por reformas. Existem um conjunto de políticas e diretrizes que precisam ser ministradas a nível nacional, como as políticas de saúde por exemplo. Evidentemente muitos municípios não conseguem viver dos seus próprios impostos locais. No entanto, a redução do número de municípios pode ser algo muito bom. A maioria dos municípios em território brasileiro possuem menos de 10.000 habitantes e têm despesas com câmeras, prefeituras e outros. Não há necessidade disso. Formar cidades com o mínimo de 50.000 habitantes por exemplo.

Em muitos países o cargo de vereador é voluntário, por exemplo. Existem outras prioridades nas cidades e da população.

Resumo: com o endividamento público tal como está (aja o que houver os banqueiros quererão o "seu dinheiro"), as crescentes insatisfações da sociedade com a classe política, a queda na economia e, portanto na arrecadação, os sucessivos casos de enriquecimento ilícito noticiado pela mídia, tal como aconteceu com a operação Lava Jato, a competição no mercado global cada vez mais feroz e outros. A classe política não terá paz e será cada vez mais assediada. Com este formato os partidos não sofrerão tanto com relação a manutenção de seu custeio, uma vez que o fundo partidário será suficiente para atender a demanda. Podendo inclusive aumentar. Para os que já estão no exercício da atividade as regras continuarão as mesmas. Ou seja, estas serão alteradas apenas para os novos. Sendo que, ao menos por um tempo, teriam bem menos concorrentes. Na prática a única coisa que alteraria para os líderes partidários é que, em vez de serem líderes do partido, passariam a serem líderes de uma ou mais secretaria dentro de um partido maior. Podendo, inclusive, chegarem a liderança do partidão em algum momento, seja regional ou geral. Se algum membro se envolver em práticas ilícitas ele não carrega o partido consigo. Se o partido todo se degenerar ele não envia para a vala todo sistema político, bem como todo o país. Os salários, sobretudo no executivo, poderiam ser maiores, inclusive obterem ganhos adicionais em função de suas realizações, como um CEO. Neste formato o processo de governabilidade torna-se mais fácil.

15

Sugestões de medidas e políticas públicas pontuais:
para o Brasil, América Latina, Central e o mundo!

É bom para os políticos porque, num primeiro momento, se reduz a concorrência e se inserem numa estrutura mais robusta, para os partidos porque se diminui a pressão com relação aos custos de sua manutenção, para os banqueiros e empresários por razões óbvias e, sobretudo, para o país porque se melhora a governabilidade. Do contrário, devido a dívida pública e pressões populares, a classe política corre o grave risco de perder tudo o que "duramente" conquistaram. Uma vez que os banqueiros quererão seu dinheiro e irão o tirar de quem? Os banqueiros correm o risco de levar calote devido a má administração do dinheiro público. As empresas não prosperarão devido ao crescimento exponencial dos custos da dívida, conciliado com os custos da administração estatal e da instabilidade política, além de outros fatores.

2 – Política Externa – Uma Sugestão

N a política externa é preciso estabelecer laços de cooperação com todos os países:

2.1 – Com EUA podemos trabalhar, por exemplo, com o projeto Brain via o instituto do cérebro de Nicoles (quando as coisas melhorarem) e no desenvolvimento de novas fontes de energia. Com Israel podemos montar parcerias nas áreas de ciência e tecnologia, bem como se criar técnicas para se aproveitar melhor nossos recursos minerais e energéticos. Com os BRICs podemos desenvolver mecanismos de automação em setores que danificam o corpo humano e que são essenciais, como o extrativismo. O foco aqui é como podemos extrair da natureza um determinado item sem danificar os corpos das pessoas e o meio ambiente que seja economicamente viável. Bem como se criar indústrias ou processos industriais, por exemplo siderúrgica, cimenteira, automobilística e outras, o menos agressivo possível via automatização dos processos. Construir uma indústria de equipamentos médicos, como robôs para efetuar cirurgias, dessalinização da água do mar, despoluição do ar, desenvolver novas técnicas de reciclagem, etc.

2.2 – Podemos trabalhar com Irão sem ser contra Israel, podemos trabalhar com Israel sem ser contra Irão. Podemos trabalhar com os BRICs sem ser contra os EUA e Europa, podemos trabalhar com os EUA e Europa sem ser contra os BRICs, se for para trabalhar podemos o fazer com todos, não precisamos ser inimigos de ninguém. Nossa sociedade e economia não é de guerra. Em outras palavras, não vivemos de conflitos. Em pleno século XXI não podemos adentrar numa política de nós contra eles, sobretudo numa economia tão interdependente e de nações tão militarizadas.

2.2.1 – É importante deixar claro nossa verdadeira realidade de que nós não somos potência, nem econômica, nem tecnológica, nem militar e em nenhuma outra área, a não ser natural e territorial. Diferentemente de outras grandes nações poderosíssimas como E.U.A, Rússia, China, Alemanha. Nossas fragilidades, sobretudo do povo, são extremas e temos que trabalhar arduamente para minorá-las. Precisamos lidar com essa realidade sem abalar nossa autoestima. É um fato.

2.2.2 – Outro ponto importante está em que o povo brasileiro não gosta de guerra, trata-se de um povo extremamente simples e pacífico que, em última instância, só gosta mesmo é de brincar e se divertir. Não é sem razão que somos o maior país católico do mundo.

2.3 – O modelo em anexo Social-Democrata me pareceu ser, inicialmente (talvez nos próximos 30 ou 40 anos, tentando-se fazer nosso dever de casa do desenvolvimento. Temos que trabalhar nossos problemas internos), o mais adequado para esta estrutura física de sociedade e para esta região, porque parece conseguir conciliar eficiência produtiva com distribuição de renda. Não rompe com o modelo liberal, bem como com a economia de mercado, mas promove uma necessária distribuição de renda intra sociedade. Não é o ideal, mas é suportável e factível.

2.3.1 – Ele concilia o consumidor com o cidadão, o social com o capital, o público com o privado, o estado com o mercado, a democracia com o estado, a direita com a esquerda, Mao com Deng Xiaoping, a imprevisibilidade com a previsibilidade, Mises com Marx, a certeza com a incerteza, gregos com troianos.

2.3.2 – Das muitas aberrações que criamos esta parece ser, inicialmente, a menos ruim.

De fato precisamos nos aperfeiçoar em diferentes aspectos, o que nós não podemos é incorrer no erro de desejar construir nossa autoestima sob conceitos que evocam concentração de poder e superioridade em relação aos outros povos. Precisamos é trabalhar e cuidar das nossas coisas para que possamos viver em paz e melhorar a qualidade de vida da população. Desenvolver indústrias e negócios competitivos, aperfeiçoar a gestão do estado, reduzir as desigualdades sociais, construir uma defesa mínima e outros. E não nos fatigarmos desnecessariamente perseguindo símbolos de poder e status só para dizer que somos potência disso ou daquilo. Afinal que diferença isso faz?

Na perspectiva do empresário um ambiente para o empreendimento consiste naquele em que este consegue aumentar ou reduzir sua estrutura com rapidez e facilidade (contratar\demitir) de modo que possa lidar com a imprevisibilidade e a incerteza, que possa resolver assuntos que envolvem burocracia como licenças com simplicidade, facilidade e rapidez. Um baixo custo país (energia, pedágio\boas estradas, telefone, água, acesso fácil a uma cadeia complementar a sua cadeia. Por exemplo, para quem produz automóveis seria bom estar rodeado de empresas que atuam com ferramental, transporte, mão de obra qualificada numa relação de oferta\demanda adequada, baixos impostos [a começar por uma taxa Selic sustentável], acesso às matérias primas com facilidade e baixo custo , outros.

A esquerda Latino americana precisa entender (e com isso gastar menos energia) que é muito difícil para nós, em nosso atual estágio de desenvolvimento, mudar a ordem ou o modelo social. O que precisamos fazer é trabalhar em nosso aperfeiçoamento numa perspectiva de médio e longo prazo, para uma inserção melhor na ordem já existente. Antes de se pensar em mudança de modelo social precisamos de um *"choque de desenvolvimento"* capaz de atenuar todas essas mazelas históricas.

Vejamos abaixo porque:

1) Qualquer sistema que deseje se apresentar como modelo\alternativa para humanidade precisa se atentar, talvez mais do que nos econômicos, nos aspectos que envolvem os direitos humanos e as questões ambientais. Pois afinal, porque os seres humanos, voluntariamente, desejariam perder os seus direitos (entre estes o de poder se expressar), dificilmente conquistados, como humanos?

2) Um estado muito grande (com pessoas fora do processo produtivo) sobrecarrega quem está envolvido diretamente com o sistema produtivo. Um estado muito pequeno (com pessoas fora do processo produtivo) não consegue lidar com problemas que podem impactar diretamente no funcionamento do sistema produtivo. Exemplo, violência urbana, epidemias, saúde coletiva, qualificação para o trabalho, etc.

3) Um dos grandes problemas do estado (além da ineficiência) encontra-se na corrupção, esta tal como um cupim, é capaz de ruir qualquer estrutura pois o dinheiro acaba por tomar outros rumos diferentemente do inicialmente planejado. Pior, mina a estrutura moral e simbólica do mesmo perante a sociedade bem como afeta a identidade dos próprios indivíduos que se envolveram em tais práticas. O fato é que ter dinheiro é muito bom e não tê-lo, por outro lado, é muito ruim. Logo, as pessoas, acabam por se deixar seduzir.

4) É preciso credibilizar e justificar a existência do estado via uma administração eficiente.

5) Para as pessoas quanto mais horizontal uma organização, melhor. Sobretudo para quem está em baixo, por razões óbvias.

6) Este modelo oferece um amplo número de opções para as pessoas e estas podem, conforme suas preferências e possibilidades, aderir a uma ou mais dessas opções. E, principalmente, parece ser exequível dentro do modelo liberal.

7) Pode-se ter um partido único e, ao mesmo tempo, um sistema democrático em que os membros dos próprios partidos concorrem entre si? Na prática isso é muito difícil, mesmo porque este partido único tende a ser dominado por um pequeno grupo que não abre espaço para outros dentro do próprio partido, imagine pessoas de fora.

8) Uma boa educação política, no meu entendimento, trata-se daquela que apresenta os diferentes modelos ressaltando-se os pontos negativos e positivos. Depois disso o professor pode defender seu ponto de vista. Ou seja, primeiro se apresenta as coisas como são, para só depois o que acredita que poderia ser.

9) Não existe nada mais revolucionário do que a verdade. A verdade, por si só, já é revolucionária.

22

3 – Saúde e educação – Uma sugestão

3.1 – Um plano de saúde para ajudar a financiar o SUS (para quem pode pagar), proposto no início do primeiro governo Dilma (quando em alta de popularidade e econômica, talvez agora não faça sentido, a não ser o estudo), teria ajudado a minorar muito dos problemas do sistema.

3.1.1 – Ainda que a cobrança seja referente a um valor diferenciado conforme a faixa de renda, o tratamento deve ser o mesmo. Aqueles que desejarem um tratamento diferenciado podem recorrer ao sistema privado de saúde, se puderem pagar.

3.1.1.1 – Quanto realmente se precisa para se estruturar e manter, efetivamente, o SUS? Apenas a arrecadação federal seria o suficiente?

3.1.1.1.1 – A soma entre as verbas já existentes + CPMF + PlanSUS poderia ser o suficiente para resolver definitivamente o problema do financiamento da saúde pública?

3.1.2 – Pode se criar uma empresa especializada para administrar o sistema e deixar o ministério para ajudar na formulação de políticas, projetos, fiscalização, resolução de problemas e outros.

3.1.3 – Pode se criar um só sistema de saúde pública uniforme e homogêneo e separar com nitidez o público do privado, instituições filantrópicas como a Santa Casa e outros poderiam ser englobadas pelo sistema, o mesmo sistema atenderia o cidadão comum e os funcionários públicos sem distinção ou separação.

A intenção de se privatizar a administração de sistemas como o prisional não me parece boa. Outra ideia reside no conceito de instituições públicas, sempre que possível, autossuficientes. Por exemplo, os presos poderiam trabalhar e se autossustentarem. Porque não? A empresa pública de TI sugerida, que prestaria serviços para outras instituições, poderia criar aplicações comerciais e obter lucro.

3.2 – O mesmo vale com a cobrança de mensalidade em universidades públicas (quando em alta de popularidade e econômica, talvez agora não faça sentido, a não ser o estudo) teria ajudado a minorar muito dos problemas do sistema educacional universitário, sobrando dinheiro para se investir na educação básica.

3.2.1 – Por exemplo, 50% das vagas para egressos de escolas públicas (ganhando ainda uma bolsa para se dedicar exclusivamente aos estudos, em áreas complexas, por um tempo) e 50% se cobra de quem pode pagar.

3.2.1.1 – Tais medidas não excluiria a chamada tributação progressiva.

3.2.1.2 – Em qualquer sociedade seja, socialista ou capitalista, existe uma restrição física que comporta uma quantidade limitada de profissionais especializados mais

24

qualificados (engenheiros, advogados, políticos....). É preciso, portanto, trabalhar com foco na qualidade e não apenas na quantidade.

3.2.1.2.1 – As oportunidades de acesso podem ser democratizadas e a remuneração entre os mais qualificados e os menos não precisa ser tão dispare. Assim quem quiser estudar mais não o fará apenas pelo dinheiro, mas por alguma afeição aos estudos. Dinheiro deve-se ganhar com trabalho independente de qual seja ele. Pois, numa sociedade de mercado, dinheiro e oxigênio são similares.

3.2.1.2.2 – Pessoalmente sou favorável a ideia de que todos possam fazer um curso superior e, mais do que isso, façam um curso superior. No entanto, as restrições físicas do processo produtivo não permite que todos o utilizem no trabalho. É um fato físico.

3.2.1.2.2.1 – Esses bons espaços de trabalho podem ser ampliados com a criação de novas indústrias, empresas de tecnologia e entreterimento, escolas, hospitais.

3.2.1.2.3 – É preciso integrar as universidades com as empresas (áreas técnicas), hospitais (áreas de saúde), Partidos políticos (áreas de humanas), ciências básicas (P&D), bem como com a sociedade. Existe um potencial imenso nas universidades, mas que vem sendo subutilizado.

Essas medidas não privatizam o sistema, pelo contrário o deixa auto suficiente e evita que ele seja privatizado no futuro. Mais importante é se criar mecanismos que garantam o acesso de quem não pode pagar.

Todos precisam ganhar dinheiro, uma vez que dinheiro e oxigênio, neste sistema, é praticamente igual. Então se cria mecanismos que possibilite que quem deseje estudar o faça, bem como mecanismos que visem distribuir o dinheiro de modo mais justo na sociedade independente da profissão ou do nível de qualificação. Ou seja, a pessoa vai estudar não apenas pelo dinheiro mas também por outras razões. Quem quiser exercer uma profissão mais *"nobre",* havendo acesso, que estude para tal.

Outras maneiras de se melhorar a vida do trabalhador, além das oportunidades de acesso a qualificação profissional, é melhorar o chão de fábrica, automatizar processos desumanizantes, reduzir a taxa de natalidade em famílias de baixa renda, equilibrar a relação oferta x demanda, automatizar o campo, diminuir a tributação do sistema produtivo, criar negócios como empresas de alta tecnologia, educar, melhorar a alimentação na empresa, uso de EPIs. Pode-se contratar Linus Tovard e Tim Lebert, bem como outros quadros renomados, para trabalharem como consultor desta possível empresa de TI para animar, contribuir e inspirar as pessoas. Uma parte de suas ações poderia ser, talvez, comercializada na bolsa.

3.2.2 – No caso de enviar um aluno para o exterior é melhor fazê-lo para realizar uma graduação, ou pós-graduação completa no estrangeiro para se ter uma formação completa. Diminui-se a quantidade e se aumenta a qualidade.

3.2.2.1 – Estas oportunidades podem ser direcionadas para pessoas de baixa renda ou que estudaram em escolas públicas e que se destacaram em alguma área, por exemplo matemática.

3.2.3 – Têm muitas pessoas formadas em cursos como psicologia, terapia ocupacional, enfermagem, nutrição e outros, sem conseguirem uma ocupação. Essas pessoas poderiam ser reaproveitadas na graduação de medicina e se descartar disciplinas. Quando receberem bolsa poderiam ter que trabalhar por um tempo no interior e no SUS. O mesmo vale com alunos formados em medicina em universidades públicas ou com bolsa.

3.2.4 – Em momentos como este, de crise econômica, seria bom que se ampliasse as vagas de pós-graduação (mestrado, doutorado....) para as pessoas continuarem seu processo de formação, sobretudo em áreas técnicas como TI.

3.2.5 – Nossas universidades, semelhantes as americanas, poderiam ser mais especializadas e com mais foco. Por exemplo, quando citamos o MIT o que vem logo a mente é a associação desta com tecnologia, Cornell com as Ciências Naturais, Harvard com Ciências Sociais. Assim criamos universidades de maior qualidade, com alguma concentração de recursos, capazes de atuarem na resolução de problemas reais e complexos. Por exemplo, ao citarmos a universidade X devemos lembrar de Ciências Médicas, a Y de tecnologia. É preciso haver uma forte integração dessas universidades para cooperarem entre si, bem como destas com a indústria e com o estado.

27

Sugestões de medidas e políticas públicas pontuais:
para o Brasil, América Latina, Central e o mundo!

3.2.5.1 – O mesmo vale para os cursos, poderiam ser mais focados potencializando-se as pessoas para o trabalho.

3.2.6 – Os recursos não podem ser totalmente dissipados, é preciso haver alguma concentração de recursos financeiros e humanos para se ganhar competitividade e se criar centros de referência, bem como se criar produtos e serviços capazes de competir no mercado. Um exemplo é o Instituto do Cérebro de Nicolés. Diferentemente do trabalhador braçal, é mais valioso um único cientista brilhante do que um bilhão de técnicos e cientistas que nada ou pouco produzem. Em ciência e tecnologia quantidade não diz muita coisa, o que vale mesmo é a qualidade. Também não adianta ter os recursos humanos e não ter as ferramentas ou as condições materiais para a produção das coisas. Em ciência, inovação e tecnologia o que realmente conta é qualidade, quantidade é algo menos significativo.

3.2.7 – As universidades, ao serem formatadas com ênfases e\ou especialidades, as atividades industriais poderiam segui-las. Por exemplo, próximo a uma universidade tecnológica poderia existir um conjunto de startups. De uma universidade referência em ciências básicas, indústrias químicas, etc. Ou oposto.

3.2.8 – Pode-se pensar em, progressivamente, com planejamento prévio e ciência dos setores privados, ir-se retirando uma parte dos recursos hoje destinados ao Fiés e Prouni e os transferindo para as universidades públicas.

Para compensar, cursos de menor complexidade e mais voltados para o mercado como administração, marketing, propaganda, comunicação, sistemas de informação e outros poderiam progressivamente ir sendo transferidos para a iniciativa privada, enquanto o estado foca em setores estratégicos mais essenciais e complexos como ciências básicas, engenharia espacial e aeronáutica, ciência da computação, medicina e outras.

3.2.8.1 – Pode-se pensar também numa política de redução de impostos a ser implementada de modo progressivo, para compensar a redução dos recursos com Prouni e Fies para as universidades privadas.

3.2.9 – Apesar de os problemas atuais poderíamos aproveitar desta crise na Europa para trazer alguns professores e pesquisadores universitários europeus para trabalharem nas universidades da América Latina e Central, com o objetivo de se elevar os padrões.

3.3 – Pode-se fazer um cadastro público (com mudança da legislação se necessário) com registro de pessoas portadoras de doenças sexualmente transmissíveis (em geral as pessoas não são transparentes) mais graves como AIDS (sobretudo se solteira) quando estiver curada (se tiver cura) seu registro seria excluído do banco. O mesmo vale para pessoas envolvidas com pedofilia e violência doméstica. Neste último caso pode-se pensar em meios para se atenuar danos futuros, por exemplo, enviando um e-mail para o agressor. Acionando-o para uma conversa preventiva, etc. Problemas recorrentes e históricos como drogadição, violência doméstica ou não, educação financeira, entre outros podem ser abordados ao longo de todo o processo formativo das pessoas. Ou seja, se criar espaços e cursos específicos para os abordar ao longo de todo o ciclo acadêmico, do ensino básico ao superior.

3.4 – É preciso trabalhar para formação de comunidades dos profissionais e pessoas que compartilham interesses em comuns, por exemplo dos médicos e profissionais da saúde, dos professores, políticos, engenheiros e cientistas. Pode-se promover eventos profissionais, sociais, esportivos, se criar clubes esportivos para as classes, colocá-los para trabalharem em projetos comuns, etc.

3.4.1 – Sou simpático a ideia que os outros profissionais da saúde complementar, via uma formação mais ampla, recebam o status de médico (parece que nos E.U.A funciona desse modo). Por exemplo, médico enfermeiro, médico nutricionista, médico psicólogo. O mesmo vale para profissões na área técnica como de TI, como engenheiro de sistemas, etc.

Não é uma ideia ruim que pais de alunos de escolas públicas que podem dar uma contribuição para a escola onde seus filhos estudam o façam. Pois, mesmo pessoas mais carentes, tendem a gastar com coisas supérfluas em detrimento do essencial. Uma rede de saúde e educação públicos, compostos por profissionais bem treinados e remunerados, bem como uma estrutura adequada possui um valor inestimável para as pessoas. Com não muito esforço de cada indivíduo, em conjunto com a administração correta dos recursos do estado, o problema do financiamento destes dois setores fundamentais para o desenvolvimento da sociedade será atendido.

Existem muitos projetos e experiências positivas elaborados nos níveis municipais, estaduais e federal que poderiam ser compartilhados entre si, inclusive entre os países da América Latina e Central. A reivindicação da classe médica (via CFM) referente a um plano de carreira decente no funcionalismo público me parece legítima. Apesar dos problemas fiscais podemos contratar ou montar uma parceria duradoura com a instituição do médico Pat Adams para atuar na América Latina e Central. Seria bom se estimulássemos tudo que envolve educação, saúde, desenvolvimento científico e tecnológico na região. Por exemplo, investindo-se na indústria de equipamentos médicos, medicamentos, softwares voltados para a medicina e saúde, escolas e hospitais modernos. Academias populares, entreterimento saudável, educação preventiva, cultura da paz.

Educação por componentes

3.5 – No que compete ao sistema educacional é preciso encarar este processo numa ótica de componentes e levar em conta diversos fatores. Por exemplo, a oferta de uma formação mais pontual e direcionada (quando técnico-científica), sobretudo para as pessoas mais carentes, com ênfase no básico, uma vez que estas não têm recursos para estudar por muito tempo sem ir para o mercado de trabalho. Já no mercado de trabalho pode continuar com seu processo formativo como desejar.

3.5.1 – No meu entendimento a grade curricular atual

31

é muito grande e dispersiva, em vez de ensinar e apreender bem poucas coisas acaba por sobrecarregar o aluno com uma vastidão de conteúdos sobre os mais diferentes assuntos que muitas vezes são mal fixados e mal compreendidos. Isto mina sua curiosidade e sobrecarrega seu aparelho cognitivo, em vez de ampliá-la. A pessoa sai da escola com a sensação de que não aprendeu nada, sem domínio de nada, sem saber trabalhar com nada. Às vezes isso ocorre até nas universidades. Todo estudante sabe que não existe nada pior do que estudar para o vestibular, talvez perdendo apenas para estudar para um concurso público. Uma coisa é uma formação generalista, outra coisa é uma formação dispersiva, onde se estuda muito e se aprende pouco ou quase nada. Quando se começa aprender sobre algo e a desenvolver o interesse e a curiosidade sobre alguma disciplina muda-se o tema. Numa formação generalista pressupõe que se aprende algo sobre muitas coisas, já num modelo dispersivo não se aprende nada sobre poucas coisas. O estudante tende a sair da escola sem nenhuma confiança, podendo perder a confiança até em si mesmo.

3.5.2 – O ideal é que o antigo segundo grau já desse um direcionamento para o aluno identificando-se de modo mais precoce as aptidões de cada um, bem como lhe direcionando conforme suas aptidões. Por exemplo dividindo-o por campos (exatas, humanas, saúde, ciências naturais, artes), já com uma formação técnico-profissional ou com ênfase num campo do saber. Os melhores alunos já ganhariam seu passaporte para o ingresso num curso superior numa universidade pública sem passar pelo vestibular e, os mais destacados, para uma universidade de prestígio no exterior.

3.5.3 – Tem sempre que estudar outros sistemas educacionais de sucesso, como o Japonês, o Finlandês, as universidades americanas e outras ir se implementado as medidas de sucesso aqui.

3.5.4 – Não tem como instrumentalizar todas as escolas de um só vez, tem que ir desenvolvendo escolas modelos uma a uma de modo progressivo com alguma concentração de recursos. Os investimentos não podem se dissipados. O mesmo vale com as universidades. Tal como as universidades cada uma com uma ênfase. Ou seja, se estrutura algumas para se focarem no ensino de matemática, física, programação e robótica. Outras em ciências médicas e biológicas, outra em artes, etc.

3.5.5 – Pode-se ensinar programação de computadores já no ensino básico.

3.5.6 – Alguns professores costumam adotar uma postura sisuda, nervosa, intimidadora. Não raramente ditatorial. Além da formação técnica é preciso se trabalhar as questões que remetem as relações com seus alunos. A começar sendo mais agradável. Ao invés dos alunos terem medo do professor precisam, por outro lado, gostar deles. Como deixar as aulas mais agradáveis?

3.5.7 – É muito difícil estruturar todas escolas com materiais de qualidade, o que pode se fazer é criar estruturas compartilhadas como laboratórios, bem como especializar as escolas por áreas, tal como as universidades para poder estruturá-las melhor.

3.5.8 – O problema da escola, tal como ela está configurada está que, entre outras coisas, tende a baixar a autoestima dos alunos. Uma vez que o coloca numa postura passiva de ouvinte.

3.5.9 – Pode-se cogitar em se reduzir a quantidade de disciplinas e\ou encurtar o conteúdo bem como repeti-los por mais vezes para certificar-se de que ocorreu fixação e de que os conceitos básicos foram realmente aprendidos.

3.5.10 – Muito esforço vem sendo dispendido para baixos resultados com altos custos. Joga-se, continuamente, dinheiro fora neste sistema.

3.5.11 – Com relação ao aprendizado o livro de Salman Khan, *Um mundo, uma escola: A educação reinventada,* aborda de um modo simples e claro muitos dos problemas do nosso sistema educacional, sobretudo o descaso com os conceitos básicos. O livro Inteligências Múltiplas de Gardner demonstra que existem diferentes inteligências e, portanto, temos que ter clareza sobre quais tipos de inteligência desejamos que os alunos desenvolvam e, em que grau. Foco de Daniel Golemam mostra que o maior inimigo número um da aprendizagem no mundo moderno encontra-se na falta de atenção. A mensagem de Freire é que a educação precisa ter um importante componente político e, portanto problematizador. Algo cada vez mais distantes. A grande verdade é que a escola não consegue concorrer com as mídias no que compete ao processo de (de)formação das pessoas na indicação de comportamentos certos.

3.5.12 – Pode-se elaborar apostilas modelo para todas as disciplinas. Os slides tratam-se de um resumo muito útil para o acesso à memória dos professores mas pouco útil para os alunos. Já os livros tendem a ser muito grandes e cansativos para se ler ao longo da graduação. Os recursos das videoaulas também podem ser maximizados. Um bom material consiste nos livros resumos que sintetiza e transmite uma visão geral de toda a disciplina.

3.5.13 – É preciso estudar que tipo de formação, para além do indivíduo, levam as pessoas a fazerem, voluntariamente, coisas como fazem por exemplo os integrantes dos médicos sem fronteiras que trabalham em zonas de conflito arriscando suas vidas. Ou economistas como Jefh Sanchs que realiza um difícil e belíssimo trabalho na África. Ou os médicos chineses que arriscam suas vidas prestando serviço na África. Ou Salman Kan que investiu seus escassos recursos para criação da Kan Academic. Ou empresário Elion Monsk que por muitas vezes arriscou sua fortuna em projetos que poderiam levar a humanidade mais longe. Ou Tim Leberts, criador da internet, que poderia ter ganhos rios de dinheiro com sua criação, mas optou por outro caminho mais humanitário. Ou Linuz Tovarld que poderia ter feito uso de suas habilidades e talentos para o próprio enriquecimento. Ou o médico Pat Adams e muitas outras que decidiram fazer a diferença em menor ou maior grau. Uma civilização é construída por pessoas e, em ultima instância, são elas é que irão moldá-la para melhor ou para pior. Certamente estes indivíduos passaram por uma formação marcante.

3.5.14 – A escola, como aponta Kan, precisa ser reinventada, preservando-se o que há de bom e se modificando o que a de ruim, uma dessas modificações encontra-se na personalização do aluno e não apenas do professor. Dar-se a impressão de que a escola foi projetada mais para facilitar a vida do professor do que do aluno. Isto não quer dizer que tudo seja ruim com relação ao modelo Prussiano. Também não significa, por outro lado, que não podemos inventar outro.

3.5.15 – A infraestrutura das escolas públicas, sobretudo os aspectos visuais e higiênicos, tendem a ser bastante ruins. Precisa se fazer um acompanhamento mais de perto deste problema. Existem sistemas de monitoramento eletrônico que podem ajudar significativamente neste sentido.

3.5.16 – Em muitas comunidades o uso da estrutura esportiva das escolas como das quadras de futebol, vôlei e peteca, mesas de pingue-pongue e outros, ajuda as pessoas inseridas em comunidades mais carentes a encontrarem algum modo de lazer nos fins de semana. Pode-se pensar na inclusão de modalidades esportivas como as artes marciais, por exemplo, Judô e Jiu-jitsu. Pode-se criar salas de cinema nas escolas por TV acabo com programas que ensinam sobre a natureza e o universo, além de filmes.

3.5.17 – O empréstimo de livros não didáticos como de literatura adulto e infantil poderia ser liberado para os membros da comunidade.

Em suma, o processo educativo precisa conter, no mínimo, quatro componentes: O componente profissional, no qual o indivíduo adquire uma qualificação profissional. O componente pessoal ou adaptativo, no qual o indivíduo aprende a cuidar da própria vida em seus diferentes aspectos. O componente social no qual o indivíduo atua, menos ou mais, como cidadão e o componente político que capacita o indivíduo a viver numa sociedade democrática.
É importante mesclar uma formação técnico-científica com uma formação artística humanística para não se criar mais homens vorazes e\ou monstros. Um exemplo encontra-se na pessoa do escritor e cientista Oliver Sack. É preciso distinguir um processo educacional que visa a aquisição do saber, prioritariamente, por exemplo o do cientista. Do processo que visa o aprendizado do fazer prioritariamente, por exemplo de um pedreiro. Do processo educacional que visa conciliar ambos o saber e o fazer, por exemplo de grandes técnicos e engenheiros que desenvolvem projetos e os constroem.

Educação sob perspectivas

3.6.1 – Por mais conhecimento e inteligência que uma pessoa possa ter, o mundo real, que se relaciona mais diretamente com os seres humanos ou não, é muito complexo. Mesmo cientistas brilhantes que obtiveram êxito sobre um determinado assunto não conseguem apreender toda a complexidade inerente a realidade devido à complexidade das próprias coisas. Daí a necessidade de especialização para o exercício profissional. No entanto, é preciso que o processo de formação nos possibilite ver as coisas sob diferentes perspectivas, tais como o da natureza, da mecânica social, do próprio indivíduo, do outro, de nossa história, da política, da vida, da morte. No entanto, ainda que as coisas possam ser vistas de diferentes perspectivas, no que compete ao exercício profissional é preciso haver uma certa especialização, sobretudo para aqueles que efetivamente executa algo, para o fazê-lo com maestria.

3.6.2 – Existem certos saberes que, independente da profissão, é bom que todos conheçam um pouco pois refere-se a cada um como nutrição, sexualidade, relacionamentos humano, política, economia, sociedade, cidadania. Ou seja, são temas genéricos que tem a haver com todos. Por outro lado todos precisam exercer uma profissão, daí a necessidade de alguma especialização.

3.6.3 – Entre esses conteúdos fundamentais encontra-se nossa história natural, ainda que algumas denominações religiosas (não a católica) não goste disso.

3.6.4 – Pessoalmente não penso que o conhecimento de nossa história natural diminua a religiosidade das pessoas, ao contrário a engrandece como exemplo Boff, Beto, entre outros.

3.6.5 – Se uma pessoa é realmente religiosa não é o conhecimento sobre sua própria história natural que abalará

38

sua fé.

Pode-se contratar profissionais, na condição consultores, tais como o Artur Ávila (ganhador do nobel da Matemática, a medalha Fields) para ajudar no processo de educação Matemática, Marcelo Gleiser no ensino de história natural, Boff\Beto no ensino de cultura religiosa (é diferente de evangelização) dr. Beny Schmidt (medicina)entre outros, para trabalharem como consultores e ajudarem na formulação de estratégias e políticas públicas referentes as suas respectivas áreas, entre outros. Essas pessoas, via extremo esforço, conseguiriam adquirir habilidades mais elevadas em suas respectivas áreas, o que ajuda a motivar seus colegas.

De modo geral o processo educativo dos indivíduos deve focar no desenvolvimento de habilidades, capacidades de resolver problemas práticos, criar, empreender, exercer a cidadania, construir máquinas complexas, fazer intervenções sociais e políticas, lidar com adversidades, desenvolver resiliência e coragem e não apenas orientada a obter diplomas ou passar em concursos públicos. O ideal é que estes profissionais de ponta desejem deixar um legado em suas respectivas áreas, bem como fazer a diferença e não apenas ganhar dinheiro e ter uma boa vida. Não que isto não seja válido, mas poderiam fazer ambos. Deixar um legado e ter uma boa vida.

3.6.6 – Quanto as drogas sou favorável a posição do ex-presidente FHC e da ONU. Porquê? Porque uma legalização controlada causa menos danos do que tráfico de drogas. Ainda que o ideal fosse que ninguém usasse drogas ou tabaco, nem mesmo as lícitas. Mais uma vez a educação adquire importante papel neste processo. Mas posso estar errado também. Porque não? Verdade é que existem muitas coisas que não deveriam nem existir, como é o caso das drogas. Mas já que existe é preciso testar outros meios de lidar com esse problema, como o médico e pedagógico.

3.6.7 – Existem muitos projetos voltados para a área de saúde e educação que podem ser elaborados em conjunto com outros países da América Latina e Central, como por exemplo, softwares para as instituições públicas como hospitais e escolas.

3.6.8 – Projetos mais complexos como o espacial podem ser realizados em conjunto com os demais países da região. O mesmo vale com projetos de ciência que poderiam ser construídos por nossas universidades públicas para se ganhar experiência como um acelerador de partícula, um Tokamak (reator de fusão nuclear), sistema de GPS, robótica, etc. Vale notar que não temos vocação imperialista, então não precisamos temer o desenvolvimento de outros povos. Qualquer país que se disponha a ser desenvolvido precisa desenvolver projetos como esses. Pode-se vender bananas e, ao mesmo tempo, se trabalhar na produção de ciência e tecnologia.

Com relação ao problema histórico referente aos baixos salários dos professores, sobretudo do ensino médio e fundamental, poderá ser resolvido com adoção de um conjunto de medidas adotadas ao longo do tempo. Por exemplo, reduzir o número de profissionais e se utilizar mais as novas tecnologias, pessoas com filhos na escola que podem dar uma contribuição material para esta, o fazerem. Investir em formação continuada de modo que os professores que lecionam em universidades sejam tão qualificados quanto os que lecionam no ensino básico e médio, havendo inclusive uma menor diferença salarial entre ambos. No entanto, é preciso adotar mecanismos que estimule estes profissionais a prestarem um bom serviço, bem como se investir em formação continuada.

Em projetos de ciência e tecnologia não pode haver dispersão de recursos, é preciso se concentrar recursos, selecionando-se os melhores quadros (principalmente pela análise de suas realizações concretas e não certificados e diplomas) com foco na qualidade. É melhor se investir em menos projetos, mas que são completamente executados, do que em muitos projetos parcialmente executados. Vale ressaltar que em ciência, sobretudo básica, os melhores instrumentos consistem nas pessoas. Com que ferramentas contavam Galileu, Kepler, Newton, Einstein, Darwin e outros além de seus próprios talentos?

Em vez de se construir muitos laboratórios é melhor ter poucos, mas bem estruturados centros de pesquisa. O mesmo vale com pesquisadores, o ideal é que o cientista dedique-se apenas a atividade de pesquisa, em vez de ensino e pesquisa para não perder o foco e valorizar a atividade. Se ele quiser e, apenas se ele quiser lecionar, então pode-se permitir pois pode ser útil para o trabalho do pesquisador, o mesmo vale com projetistas, engenheiros e outros que estão envolvidos com pesquisa e desenvolvimento.

Poderíamos abrir uma filial da ONG da Malala aqui no Brasil, quem sabe contratá-la para dar palestras em nossas escolas. Pois como ela mesmo disse:

41

Sugestões de medidas e políticas públicas pontuais:
para o Brasil, América Latina, Central e o mundo!

"Não podemos esquecer: um livro, uma criança, um professor e uma caneta podem mudar o mundo."

Malala Youzafzai – Prêmio Nobel da Paz
Também não podemos nos esquecer da grande psicóloga russa que migrou para o Brasil durante a segunda guerra mundial que diz:

"Quando tudo estiver um caos a escola será a salvação."

Helena Antipoff – Psicóloga Russa

Bem como:

"O melhor modo de se educar é através do exemplo."

Helena Antipoff – Psicóloga Russa

4 – Petróleo e pré-sal – Uma sugestão!

4.1 – O ideal do petróleo não é vender, mas sim comprar. No entanto, no caso específico do pré-sal, acho difícil não negociar com os EUA, as consequências disso podem não ser boas para o país, uma vez que este (o petróleo) pode estar a nos colocar no epicentro de uma disputa geopolítica entre grandes potências globais. É melhor um mal menor do que um possível mal muito maior. Não estou dizendo que o formato da negociação tenha de ser, exatamente, como eles propuseram, mas algum tipo de negociação, acredito, talvez precisa ocorrer. É algo a se refletir.

4.2 – Talvez trocar um ou mais de um campo de exploração (fazendo uso dos equipamentos da Petrobras) pelo pagamento da dívida desta que está em dólar e ela passar a operar sem dívidas.

4.3 – Talvez fazer uso dos recursos auferidos e comprar ações da empresa que está nas mãos dos acionistas e, desta forma voltar a ter maior controle desta, se este é o objetivo.

4.4 – Entendo que o grupo dos BRICs foi uma criação positiva e exitosa, mas não podemos deixar de trabalhar com E.U.A e Europa, seja por questões subjetivas, objetivas e\ou ideológicas mesmo.

4.5 – Talvez se possa negociar com os americanos sem descartar o projeto do senador Requião.

É preciso reconhecer que os E.U.A se trata de uma nação influente e poderosa com capacidade efetiva de nos ajudar ou de nos prejudicar, consideravelmente, conforme seus interesses. Vale refletir. Talvez se possa encontrar um meio de se negociar com os americanos de modo que seja bom para ambos (se é que isso é possível) os países e, desta forma, sairmos do espectro de sua conhecida geopolítica em relação ao petróleo. Porque o modelo atual é bom para os chineses e não é para os Anglo-Americanos?

Nota: este tópico foi escrito antes da proposta do senhor José Serra (flexibiliza a participação da empresa no processo de extração) ser aprovada no senado. Segundo o senador Roberto Requião, e outros que possui longo histórico de defesa dos interesses nacionais, trata-se de um modelo danoso ao país. Por outro lado o senador Cristovam Buarque trás um ponto de vista interessante para o debate, pois se de um lado este modelo de exploração pode ser prejudicial para o país, a não exploração também pode o ser. Uma vez que o futuro do petróleo como fonte de energia parece chegar ao fim. Ao menos é o que dizem, ainda que cerca de 80% da matriz mundial de energia esteja baseada neste momento em petróleo e carvão.

5 – Economia e estado – Uma sugestão!

5.1 – Precisamos nos próximos 40 a 50 anos ir trabalhando o problema fiscal.

5.2 – Uma das características que o estado deve possuir é a possibilidade de aumentar ou reduzir seu tamanho e custos, conforme a arrecadação, para não recorrer ao endividamento público desnecessariamente. Este parece ser o principal problema atual das nações.

5.3 – Com uma agência de investimentos que trazem retornos na forma de pró-labore, arrecadação crescente, tributação progressiva e outros, pode-se com o tempo e estudo ir reduzindo os impostos das classes menos privilegiadas, do sistema produtivo, bem como amenizar o endividamento público.

5.4 – Trabalhar para aperfeiçoar o estado direito.

5.5 – Trabalhar para aperfeiçoar o processo de integração das Américas sul, central e norte.

5.6 – Não sou economista, no entanto parece evidente que um processo de desenvolvimento econômico precisa ser desenvolvido com uma visão de médio e longo prazo.

5.7 – Se entendi bem parecem existir dois tipos de capitais com propósitos distintos. O financeiro o qual se beneficia, até certo ponto para não tomar calote, do endividamento público. E o produtivo que antagoniza com o endividamento público devido à possibilidade de se aumentar os impostos sobre seus negócios. O que nos interessa é o último.

5.8 – Passando-se os problemas com a Lava Jato pode se pensar num processo de promoção de fusão dessas construtoras para não se perder robustez e competitividade. A multa ou dívida podem ser pagas em ações das empresas para o estado para não prejudicar o caixa das empresas.

5.9 – O projeto do empresário Vitório Medioli (incentivo para trocar a frota) para o setor automotivo me pareceu ser adequado para ajudar a alavancar o setor automotivo.

http://www.otempo.com.br/opini%C3%A3o/vittorio-medioli/reciclagem-do-sistema-1.1104163 - Reciclagem do sistema

5.10 – Quanto o combate a corrupção deve-se instrumentalizar a polícia e o poder judiciário.

5.11 – É preciso dialogar (Freire) com Roberto Sebutal (em uma de suas entrevistas me pareceu bem-intencionado), Armínio Fraga. e outros liberais, para entender seus pontos de vista acerca de que tipo de ambiente, na visão deles, precisa ser moldado para se atrair mais investimentos para o país, sem necessariamente trazer prejuízo para os trabalhadores. E porque. Vale notar que estas pessoas estão diretamente conectadas com os investidores Anglo-Americanos. Em outras palavras, são seus mensageiros.

Com a recriação do Conselhão esta tarefa já está sendo executada. Uma mudança da Arquitetura financeira do estado, além das modificações que envolvem a gestão em si, como aponta o economista Armínio Fraga, também faz-se necessário. Os economistas Leda Paulani e Bresser Pereira esclarece quais são os principais pontos numa resumida exposição no site do PT.

http://www.pt.org.br/bresser-pereira-elite-financeira-promove-terrorismo-economico/

As 22 medidas propostas pelo PT, para lidar com os problemas do presente parecem ser positivas (vale notar que este material foi elaborado após a eleição de Dilma em seu segundo mandato).

5.12 – Pode-se fazer uma plano de recompra\ampliação (médio e longo prazo) progressiva de setores essenciais como água, energia e minerais, sem prejudicar os investidores.

5.13 – Setores não essenciais deve-se deixar a iniciativa privada investir sem a concorrência do estado. Assim o estado, com seus recursos escassos face a grande demanda, pode focar seus investimentos naquilo que lhe é essencial e não prejudicar o empresário.

5.14 – Com o TTP e outros acordos comerciais de livre comércio, bem como estes muitos imigrantes\trabalhadores que adentraram na Europa a concorrência só tende a crescer.

5.15 – Com a ascensão\reascenção da Rússia e China

como potências militares e a China como potência econômica (bem como a concorrência com o dólar) pode ser que uma parte do capital Anglo-Americano migre para América Latina e Central devido a este aparente antagonismo Ocidente\Ásia.

5.16 – Um acordo comercial que envolve toda a América não é uma ideia ruim (por questões culturais, geográficas ou outras) uma espécie de Estrada das Américas. A rejeição da ALCA (não conheço os detalhes dos seus termos), provavelmente, deve-se ao fato de ter sido pensada de modo unilateral. Ou seja, favorecendo apenas os E.U.A. As relações comerciais só funcionam com o pressuposto do ganha-ganha, do contrário elas tendem a se desfazerem.

5.17 – Uma possibilidade reside em contratar os economistas Paul Krugman, Joseph E. Stiglitz e Thomas Piketty, mais identificados com a esquerda Latino Americana para se realizar estudos junto com economistas da CELAC e tentarem formatar um acordo que beneficie a todos os países nas Américas e não apenas os E.U.A.

5.18 – Entendo e concordo com o pensamento desenvolvimentista, no sentido que se faz necessário desenvolver uma indústria nacional, mas acontece que isso leva tempo e a setores que estão muito distantes como o de microeletrônica. Podemos começar com indústrias de menor complexidade e ir trabalhando com pequenos projetos de maior complexidade, uma vez que este processo leva tempo (décadas). Enquanto isso os países desenvolvidos que continuem a se desenvolver.

5.19 – Temos que trabalhar em nosso aperfeiçoamento como fizeram a Alemanha, Japão, Coreia do Sul e outros, para não sairmos da pista. Um bom exemplo para a esquerda Latino América, evitando seus erros, são os chineses. Não será daqui, acredito, numa condição de país em desenvolvimento, que mudaremos a Ordem Mundial. Ou seja, ao invés da gente querer mudar o sistema porque nossas condições de vida não está boa. Sugiro, ao contrário, que nos adaptemos bem a este sistema antes de querer modificá-lo.

5.20 – É preciso ver as coisas sob diferentes perspectivas. Na perspectiva do empresário capitalista, ainda que de sucesso, o cotidiano que envolve a manutenção de seu empreendimento é bem complexo. Uma vez que precisa lidar com um cenário cada vez mais difícil de competitividade extrema, lidar com a imprevisibilidade do mercado, com endividamento do seu negócio, com custos fixos e com muitas outras dificuldades. O fato de viver de modo opulento não o exime de ter que lidar com responsabilidades e desafios cotidianos.

5.21 – É muito comum as pessoas montarem seus próprios negócios com pouco, ou quase nenhum capital, não por vocação para o empreendedorismo, mas por desespero ou mesmo desinformação. Ou seja, movidos mais pelas circunstâncias do que pela razão. O estado pode fazer muitas pesquisas, bem como se adotar medidas para minorar as chances de um pequeno negócio fracassar. Como? Por exemplo, se existem 5 padarias num mesmo bairro com uma população pequena. Ao se montar mais uma na mesma região as chances de fracassar são grandes ou de outra falir. Pode-se, por exemplo, estabelecer limitações geográficas onde só pode se existir uma padaria a 10.000 metros de outra. Bem como se exigir um capital mínimo para cada tipo de negócio depositado em conta (um capitalista precisa ter capital, ainda que mínimo) para que este possa ter uma estrutura mínima. Com bases em estudos pode-se apontar locais em que, ao se montar uma padaria as chances desta triunfar são grandes enquanto em outros locais não. Porque uma nova padaria pode não ser viável em um bairro, mas o ser em outro ao lado.

5.22 – Concordo com o economista Armínio Fraga (em entrevista ao Instituto Milenium) em relação a reforma do estado. Sem uma reforma efetiva do estado, incluindo as contas públicas, quanto a lista de coisas que acredita precisar mudar precisa ser analisada cada caso pontualmente.

5.23 – Pode-se criar mecanismos para se estimular o empreendedorismo entre os funcionários públicos que possuem uma boa renda fixa e conhecimento técnico. Por exemplo, professores universitário trabalharem por 20 h semanais (com baixa redução salarial) se montarem um negócio. Bem como se conceder linhas de crédito específicas via a utilização de mecanismos transparentes. O ruim é quando este executa um trabalho na inicia privada que outro que não tem um cargo público, ou mesmo um emprego, poderia o fazer. A não ser que reduza sua carga de trabalho para se abrir mais vagas.

5.24 – Pode se tentar criar uma legislação que facilite a contratação de um funcionário trabalhando num regime de apenas 4 ou 6 horas. Ou que altere sua jornada de trabalho para de 8 para 4 horas em momentos de crise econômica ou quando alto índice de desemprego.

5.25 – Pode-se pensar na adoção de mecanismos transparentes para a concessão de crédito, bem como investimento inicial, para profissionais qualificados como engenheiros e cientistas para montarem suas empresas.

Vale notar que a China vem crescendo por cerca de 30 anos consecutivos numa taxa aproximada de 10% ano para chegar onde está. Seu exemplo demonstra que o desenvolvimento econômico e civilizacional trata-se de um processo longo, demorado e custoso. Bem como repleto de desafios. Se a uma taxa de crescimento de 10% ao ano a China levou 30 anos para chegar no estágio onde se encontra, quanto tempo os países da América Latina e Central levarão numa taxa de crescimento bem menor?

É muito importante entender que à medida que estamos parados ou nos movendo devagar as outras nações mais desenvolvidas estão se movendo em direção ao aperfeiçoamento na adaptação em um modelo (que para elas funciona bem), que tem como princípio a concorrência. Ainda que quissemos, nós não temos condições de, simplesmente, mudar o modelo ou mudar de modelo econômico por diversos fatores. Na prática o que vem acontecendo é o que professor Delfim explica em seu artigo, Na contramão, em Carta Capital

Sugestões de medidas e políticas públicas pontuais:
para o Brasil, América Latina, Central e o mundo!

http://www.cartacapital.com.br/revista/881/na-contramao.
Então quanto mais difíceis as coisas vão ficando mais passamos a acreditar que a solução dos nossos problemas encontra-se numa mudança de modelo (que, diga-se de passagem, não temos os instrumentos para mudar). Ou seja, por comodidade recorremos, ao conforto da ilusão. Veremos abaixo considerações entre o socialismo e o capitalismo, bem como sobre a construção de um novo modelo.

Não é dito aqui que o estado deva ser desinstrumentalizado, ao contrário, mas fazê-lo de modo correto pensando-se no curto, médio e longo prazo, pensando-se sempre na melhoria de sua eficiência. Não necessariamente eficiência está ligado a exploração do trabalho, mas na sua execução de um modo mais simples, prazeroso, profissional e, portanto, mais fácil para quem o executa e mais produtivo para quem se beneficia dele. O território brasileiro é muito grande e possui muitas deficiências estruturais e problemas sociais históricos que foram se acumulando ao longo do tempo. Então é preciso ter uma visão de mais longo prazo para seu desenvolvimento e mitigação das desigualdades sociais. Conciliando a arrecadação com a instrumentalização do estado e a mitigação das desigualdades sociais. Bem como o tempo político com o tempo econômico.

O endividamento público, sobretudo com uma estrutura da dívida que leva a patamares tão altos da taxa Selic, na perspectiva do capital produtivo, é algo muito preocupante. Sobretudo com o aumento dos custos fixos do estado, porque o estado vai perdendo sua capacidade de investimento em setores estratégicos e torna-se propenso ao aumento da tributação. Não bastasse, ainda se tem o endividamento das famílias. Ainda que rico um empresário com capital produtivo pode perder seu patrimônio com rapidez se seu negócio não ir bem, uma vez que tem muitos custos fixos que precisa arcar dependente da imprevisibilidade do mercado. Talvez se deva criar uma agência central que controle e regule o endividamento dos municípios, estado e união. Uma coisa é crescer a dívida para se construir uma empresa, outra bem diferente é fazê-lo para pagar juros da própria dívida e\ou folha de pagamento. Porque um capitalista deixaria de investir em títulos públicos para investir na produção com uma taxa Selic tão alta? Não faz muito sentido.

O que move o empresariado é a perspectiva de ganho, ou seja, de lucro. Ocorre que apenas o dinheiro pode ser um fator motivacional limitado quando o adquire, uma vez que suas necessidades materiais são preenchidas. Logo, a inclusão de outros fatores motivacionais, pode ser importante para lidar com os desafios inerentes a atividade e manter-se motivado, tais como a geração de emprego e renda, o desenvolvimento nacional, contribuições para um campo ou para a humanidade, contribuição para o país... Fatores motivacionais que extrapolam os ganhos econômicos e que possuem alguma relação com o trabalho social pode contribuir com a sociedade e com a motivação do empreendedor.

Como o aumento da atividade econômica e da arrecadação estatal os recursos obtidos com os recursos naturais podem ser aplicados em setores\projetos estratégicos.

Não estou dizendo que se deve desconstruir a CLT, mas por outro lado não adianta ter as melhores leis trabalhistas se não tiver emprego. Parece que a CLT, como foi formatada, *"assusta"* o capital produtivo o que pode o levar a investir em outras partes do mundo onde existe maior flexibilidade, sobretudo com esses novos acordos comerciais de livre comércio como TTIP, TPP e o TISA. É preciso se encontrar meios de conciliar o capital com o trabalho. A relação adequada entre oferta e demanda, bem como uma economia em atividade, parece ser um, dos muitos mecanismos, que ajuda quem deseja executar algum trabalho. Talvez se transferir para o estado, e não para o empresário, a proteção social para o trabalhador que a CLT propõe. A intenção é facilitar a atividade do capital produtivo. Com a arrecadação para o estado que este traz se investe a proteção social dos trabalhadores.

O estado precisa ser moldado para trabalhar para a sociedade e não o contrário. As condições entre a iniciativa privada e a pública são tão assimétricas que se criou aqui a profissão de concurseiro. A mesma energia que está sendo dispendida para passar num concurso público poderia ser usada para se ganhar um prêmio Nobel. Não é incomum de se ver um funcionário público ganhar R$ 30.000,00 por mês, trabalhar pouco e ainda fazer greve. O que interessa para a sociedade não é se alguém obteve mil diplomas, tem título disso ou daquilo, passou num concurso. Isto só interessa a pessoa, o que interessa para a sociedade é o trabalho que ela executa. Ou seja, o que ela faz para a sociedade. E não, ao contrário, o que a sociedade faz pra ela.

Tem-se que criar espaços públicos como escolas, hospitais, delegacias, hospícios, e outros mais bonitos, alegres, prazerosos, felizes para se trabalhar. A proposta de uma alca multilateral não exclui a elaboração de parcerias comerciais entre os BRICs bem como com a Europa. Quanto mais vias que facilitem as transações comerciais e cooperação entre as nações melhor.

Ainda que o pensamento desenvolvimentista que impera na região seja correto existem indústrias, no meu entendimento, que estamos muito atrasados e que simplesmente não faz sentido investir ou criar outras como a automotiva, por exemplo. Dificilmente poderemos ser competitivos, no curto prazo, na indústria de microprocessadores como Intel e AMD. Se quisermos participar deste mercado o que podemos fazer, no curto prazo, é como alguns países árabes que possuem fundos de investimento que compram ações de empresas e ganham com pró-labore. Por outro lado podemos desenvolver nossa capacidade de engenharia complexa, inclusive de softwares pois depende mais de nós e menos do mercado (consolidado). As pessoas podem sentar e criar um programa de computador ou uma solução para um problema de engenharia.

Devido nossas condições naturais e geográficas poderíamos dar um foco maior nos setores energéticos. Uma vez que isso é bom para todos, porque ampliando nossa capacidade de produzir energia de diversos meios todos (E.U.A, Europa, Ásia...) se beneficiam. Estou errado? As superpotências não precisarão de energia no futuro? Não temos aqui a capacidade de produzi-la? Então porque isso seria ruim para estas, mas especificamente para os E.U.A? Se investidores privados quiserem fazer então que o façam, o que não pode é não fazer.

6 – Privilégios e custos desnecessários – Uma sugestão!

6.1 – O jornalista e economista britânico Brian Nicholson, autor de A Previdência Injusta: Como o fim dos privilégios pode mudar o Brasil (Geração Editorial) fez uma crítica, talvez correta.

http://cartamaior.com.br/?/Editoria/Economia/-So-o-fim-de-privilegios-e-super-pensoes-pode-equilibrar-contas-publicas-/7/34565

6.2 – A PEC 35/2012, sobre vereadores, do senador Cyro Miranda (PSDB) me pareceu ser assertiva

http://www.diariodepernambuco.com.br/app/noticia/p olitica/2013/01/28/interna_politica,420246/vereadores-sem-salario-sim-e-possivel.shtml

6.3 – Em cidades pequenas e mais afastadas do centro as prefeituras e órgãos públicos poderiam, sempre que possível, contratarem para trabalhar por 4 horas e não 8 para se gerar mais emprego e renda nestas.

6.4 –Tem que se levar o desenvolvimento para o interior e regiões mais afastadas, para se evitar o fluxo migratório para as cidades.

6.5 – As empresas poderiam receber incentivos para

instalar uma planta\unidade em regiões mais afastadas do centro.

6.6 – A ideia da Cidade Administrativa do senador Aécio Neves e Anastasia não me pareceu ser incorreta, talvez tenham centralizado demais.

6.6.1 – Quanto a distância se poderia colocar ônibus próprios para trazer\levar os funcionários se realmente funcional.

6.7 – O sistema judiciário\policial parece ser bem crítico:

A) http://www.cartacapital.com.br/revista/873/caro-e-ineficiente-7271.html

B) - http://www.cartacapital.com.br/politica/elites-controlam-o-sistema-judicial-mostra-pesquisa-da-usp

6.8 – Poderia se pensar na concepção de incentivos fiscais para empresas, sobretudo indústrias, que montarem uma filial em regiões mais afastadas das regiões centrais para mitigar o fluxo de pessoas do interior para os grandes centros por causa de uma vida melhor. O mesmo vale com o acesso as outras estruturas como ensino universitário.

6.9 – Pode-se pensar na possibilidade de se destinar uma porcentagem das vagas no serviço público para pessoas provenientes de família com baixa renda.

6.10 – Sempre que possível pode-se empregar um funcionário público para trabalhar por 4 horas semanais e lhe conceder algum incentivo adicional se este montar um negócio. Excluir a possibilidade de ter um outro emprego para não tirar a vaga de outra pessoa. Assim ele conta com uma renda previsível, ao mesmo tempo que pode ampliá-la se empreender. Além disso ampliará o número de vagas no serviço público.

Com a implantação destas e de outras medidas o Brasil vai, aos poucos, mudando de uma sociedade de castas para uma sociedade de classes. O que já representa uma evolução. Estabelecendo critérios de verdadeira meritocracia, que não a do direito divino. Alguns sistemas precisam ser totalmente reprojetados. Pode-se pensar em conceder vantajosas indenizações para se mudar os quadros. Um estado parasita não tem nada ver com uma administração com viés socialista. Ou seja, que atua corrigido as deficiências sociais vias políticas públicas assertivas. Aqui na América Latina\Central o melhor que nós podemos fazer para o mundo é ajudar a nós mesmos. Se fizermos isso já estamos a prestar um grande trabalho para a humanidade. É preciso compartilhar os custos do desenvolvimento civilizacional com todos, com quem consegue ou não entrar para o estado.

Ouço muito a expressão que o culpado pelo nosso subdesenvolvimento é os E.U.A, com suas interferências. Mas os E.U.A interfere no mundo todo. Interfere no Japão e este se desenvolveu, na Coreia do Sul e esta se desenvolveu, na Europa e esta se desenvolveu, na China e esta se desenvolveu, etc. Vamos esperar os E.U.A deixar de interferir aqui para nos desenvolvermos? Será que a culpa de todos os nossos problemas é mesmo dos E.U.A? Então se os E.U.A não existissem seriamos hoje uma nação desenvolvida?

Podemos tentar seguir o caminho de um desenvolvimento *"sólido com foco no básico"*. Aqueles que quiserem mais que o básico que trabalhem. Do ponto de vista econômico a Orto Economia de Merkel parece ser um bom exemplo para este cenário. Do ponto de vista concreto o que caracterizaria o que denomino aqui de desenvolvimento sólido?

a) Pensemos em coisas concretas positivas que desejássemos que ocorressem, tais como desenvolvimento econômico, pessoas saudáveis e felizes, instituições funcionando adequadamente, baixo índice de criminalidade, menor desigualdade, baixo endividamento público e outras.

b) Por outro lado pensemos em coisas que desejássemos que não ocorressem, tais como corrupção, desemprego, violência urbana, poluição do ar, instituições deficientes, analfabetismo, alto endividamento público e outras.

c) À medida que coisas positivas vão acontecendo, como a melhoria nos índices de saúde e educação, a redução da criminalidade, o desenvolvimento industrial e outras, estas ocorrências positivas vão se somando e o desenvolvimento vai ocorrendo. Por outro lado, quando coisas negativas vão deixando de ocorrer, neste caso, vai se deixando para trás o subdesenvolvimento.

O desenvolvimento (civilizacional, não apenas do PIB) sólido (por se tratar de coisas concretas inscritas na realidade) com foco no básico (porque temos muitas deficiências estruturais históricas. E básico no sentido que o estado se concentra no desenvolvimento dos setores básicos e estruturais, como educação, saúde, minerais, energéticos e outros e deixa a iniciativa privada investir em outros setores sem concorrência do estado) seria o resultado da manipulação bem-sucedida das ferramentas do estado para o direcionamento daquilo que desejemos que ocorra e impedimento aquilo que desejamos que não ocorra. Percebe-se tal desenvolvimento quando gasta-se menos com o sistema judicial\policial, por exemplo, e mais com educação. Menos com saúde corretiva e mais com preventiva. Menos tempo com burocracia e mais com trabalho, menos energia com conflitos e mais sinergia com trabalho cooperativo.

Para ser sincero concordo com Khan no ponto que diz que este sistema educacional (bem como outros sistemas) precisa ser completamente remodelado ou reinventado. Este sistema impinge grande sofrimento aos alunos, baixa a autoestima das pessoas e as fazem acreditar que são burras e incapazes, em vez de convencê-las que todas, sem exceções, são capazes.

É preciso que os profissionais do conhecimento tais como engenheiros, físicos, psicólogos e outros, ganhem mais espaço na mídia, que se promova debates públicos, etc. É preciso ir se trabalhando\melhorando não apenas as partes funcionais das instituições, mas também os aspectos ornamentais. É preciso se ir buscando soluções com aquilo que temos e não se fosse assim, se fosse assado.

Antes de se pensar numa sociedade sem classes é preciso, aqui no Brasil, continuar o processo de transição de uma sociedade de castas para uma sociedade de classe. Com mecanismos bidirecionais para ascensão ou redução de posição social. Bem como utilizar os instrumentos do estado para se efetuar as correções sociais.

A administração estatal é muito complexa bem como o processo de desenvolvimento social e econômico, requer um esforço contínuo e constante ao longo de muitos anos, não raramente sujeito a retrocessos. Então é preciso ir se fazendo esforços continuados, ao longo de muitas administrações, para ir aperfeiçoando. A China, apesar de todos os problemas, consiste num excelente exemplo. Existe um documentário interessante que demonstra que com recursos gastos por ONGs (funcionários, aluguel, telefone, luz, água…) daria para matar ou atenuar a fome no mundo.

À medida que o estado ganha em eficiência e faz cobranças de impostos justos, de fácil compreensão e sustentáveis, os empresários não precisarão mais estabelecer relações promíscuas com alguns agentes públicos para terem seus projetos\assuntos agilizados\aprovados. Um estado de tamanho adequado e mais eficiente poderá pagar um salário mais justo para o funcionalismo público com uma diferença salarial menor entre seus componentes. Com as coisas funcionando bem as pessoas sentirão mais motivadas a trabalhar e estarão menos inclinadas a fazerem coisas ilegais pois se desenvolve o espírito público e comunitário. Ou seja, tornam-se cidadãos.

Aqui na América Latina e Central não se pode "vacilar" pois ainda existe um estado de subdesenvolvimento gigantesco. O estado brasileiro, por exemplo, é muito grande no sentido geográfico e possui uma demanda histórica não preenchida. Então é preciso aumentar o PIB para dar conta da demanda e ir o estruturando de modo gradativo evitando-se retrocessos. Tentar diminuir a pressão fiscal sobre o estado e se alterar a estrutura da dívida.

7 – Urbanismo – Uma sugestão!

7.1 – As favelas trata-se de um grande problema habitacional, estas poderiam ser verticalizadas. Como? Se construindo prédios no lugar onde hoje existem favelas ou pequenos aglomerados. Poder-se-ia usar da engenharia chinesa para isso. Em pouco tempo eles podem construir muitos prédios, como fazem com seus hotéis.

7.2 – Pode-se tentar negociar com os chineses a construção de parques temáticos ao longo da América Latina e Central. Sede-se o terreno e eles constroem e os administram, ganhamos com os impostos. O mesmo vale com áreas de mineração, onde hoje conseguem revitalizar construindo hotéis e talvez os parques. Eles mesmos devem fazer o estudo de viabilidade e decidirem se compensa investir ou não no negócio, pode-se também conceder incentivos tributários, sobretudo no início. Existem outras coisas que fazem referente a urbanismo, turismo e arquitetura que poderia se aproveitar aqui.

7.3 – Deve-se estimular a troca de experiências bem-sucedidas entre os diferentes entes do estado, independente de partido, seja no nível municipal, estadual ou mesmo entre nações parceiras (isto vale em todos os aspectos).

8 – Defesa – Uma sugestão!

Temos que criar, inicialmente, uma zona de neutralidade. De, no caso de se deflagar, uma terceira guerra mundial (algo cada vez mais provável) uma parcela da humanidade seja preservada bem como da biodiversidade. Afinal com uma guerra desta natureza não vai sobrar quase nada vivo no planeta. Por coincidência o Brasil e a América Latina parece ser o melhor dos lugares para isso, por diversos fatores:

Vejamos abaixo:

8.1 – Grande biodiversidade da fauna e flora.

8.2 – Diversidade étnica e cultural (aqui residem chinês, japonês, russo, alemão...)

8.2.1 – Vamos ampliar a aqui a presença de todos povos como Europeus, Russos, Americanos, Europeus, Japoneses, Chineses, Indianos. Ou seja, vamos criar aqui uma grande colônia do mundo.

8.2.2 – O Brasil e América Latina exercerá o imprescindível papel para o mundo de uma grande arca de noé da espécie humana.

8.3 – Recursos naturais abundantes.

8.4 – Estabelecimento de uma relação amistosa com todos os povos.

8.4.1 – O povo brasileiro é diferente dos outros povos, trata-se de um povo generoso, não nos importamos em, de modo civilizado, dividir nossos recursos naturais com o mundo.

8.5 – Além da criação de uma colônia de todos os povos aqui, temos que criar um banco de sementes e trazer para cá espécies nativas (plantas e animais) de outras regiões.

8.6 – Vamos fazer daqui o país da medicina e enviar médicos, materiais e equipamentos para todos que precisarem.

Se não for no Brasil isto precisa ser feito em outro lugar. Em se tratando de seres humanos e, sobretudo de dinheiro e poder, nunca se sabe o que pode ocorrer. Temos que construir aqui (na América Latina, Central e Norte, bem como no Brasil) uma zona mundial da paz! uma espécie de suíça das guerras! uma zona de não antagonismo a nenhum outro povo!

Aqui na América Latina e Central temos que nos esforçar para nos *"blindar"*, sempre que possível, desses problemas no âmbito geopolítico, uma vez que não temos a menor condição de intervir. Precisamos nos concentrar em nossos problemas domésticos e traçar um "cordão de isolamento" em relação a estes problemas. Podemos ajudar dentro de nossas condições, como no caso da recepção de refugiados Sírios, o que não podemos é intervir como fez a Rússia na Síria.

Sugestões de medidas e políticas públicas pontuais:
para o Brasil, América Latina, Central e o mundo!

Não podemos arrumar inimigos uma vez que sem inimigos as coisas já estão bem difíceis, imagina só com inimigos, sobretudo do porte dos E.U.A e da Otan. Precisamos unir esforços internos e externos para ajudar a vencer os problemas seculares que nos aflige. Em outras palavras, a melhor estratégia de defesa que podemos implementar aqui consiste a de não se envolver em brigas.

Podemos trabalhar de forma cooperativa, com o foco na resolução de problemas com todos os países, especialmente com os BRICs. No entanto, é preciso delimitar o escopo dos problemas. Se alguém tem um câncer podemos ajudá-lo com remédios e atendimento médico, mas no fim do dia o câncer pertence a esta pessoa e, em última instância, é ela quem terá que tratá-lo e conviver com ele. Logo, os problemas do Brasil é do Brasil, dos E.U.A é dos E.U.A, da Argentina é da Argentina.

A Índia de Modi é um bom exemplo de política que tenta estabelecer laços cooperativos com os diferentes polos de poder (Rússia e China são potências militares e econômicas e estão fisicamente em outro continente). Aqui na América Latina e Central é comum esta alternância de posicionamentos, ora mais pró E.U.A e Europa, ora mais pró-Rússia e China por questões de identificação ideológica ou outra. Exemplo recente encontra-se na Argentina de Cristina e Macri. O posicionamento ideológico do grupo político vencedor não pode fazer com que se rompa as importantes parcerias, seja com um polo ou outro. Rússia e China parecem possuir sistemas políticos bem consolidados e definidos (inclusive no nível de suas populações) menos suscetíveis a influências externas e internas, já aqui existem sempre estas alternâncias, além da forte influência americana. Precisamos aprender a conviver com essas diferentes visões, bem como nos manter atentos as disputas de poder no âmbito geopolítico, sem perder de vista nosso projeto de desenvolvimento harmônico e cooperativo. Saber navegar entre estes diferentes polos de poder sem desconstruir as parcerias, independente do grupo politico, é fundamental para a viabilidade dos projetos seja com os BRICs, seja com os E.U.A e Europa. A economia das nações é interligada e nós, na condição de país em desenvolvimento, não podemos nos dar o luxo de antagonizar nenhuma nação, ou mesmo nos colocar numa posição de isolamento, seja com um polo ou outro. Um determinado grupo político pode, naturalmente, optar por trabalhar de modo mais próximo com um polo, o que não pode fazer é antagonizar ou desconstruir parcerias e projetos com os outros.

A Índia de Modi parece navegar bem neste complexo contexto, bem como a China. Importante é agir com transparência no sentido que nossos parceiros, sobretudo na Ásia, compreendam bem como funciona o sistema político da região e se adéquem a esta realidade sem traumas, com maturidade e naturalidade. O caso da Argentina recente reflete bem este modelo, uma vez que Cristina inclinou-se bem para a Ásia e se afastou um pouco dos E.U.A e Europa, o contrário agora deve ocorrer com Macri. Importante que, independente das mudanças políticas, cumpram-se os compromissos de cada gestão e que não desfaçam projetos positivos e que agregam valor ao país e a população por questões puramente políticas, ainda que se mude a *"inclinação"* em relação a novos projetos conforme o grupo político.

Precisamos perceber as coisas na perspectiva dos povos,

pois pessoas nefastas podem chegar ao poder em qualquer lugar do mundo, mas isso não faz com que sejamos contra um povo ou a população de um país, ainda que não apreciemos seus governantes e\ou suas políticas em relação a nós. Ao contrário, nestes casos, nos resta lamentar. Por outro lado, pessoas nefastas, também saem do poder já o povo sempre permanece.

Complexo industrial militar

Sinceramente não sou simpático ao desenvolvimento aqui no Brasil, na América Latina ou em qualquer outra parte do mundo de mais um complexo industrial militar. Uma vez que a economia do país passa a cada vez mais depender deste complexo para a sua manutenção. E, tal como a indústria dos serviços funerários vive da morte, a farmacêutica das doenças, o complexo industrial militar vive da guerra. Sabendo disso porque vamos criar mais um complexo industrial militar para colocar ainda mais pressão nos que já existem. Não estamos trabalhando para a construção de um mundo melhor? Por outro lado é preciso trabalhar a defesa e, sem o desenvolvimento da indústria militar, tal coisa (a defesa) não é possível, uma vez que se cria uma dependência externa de equipamentos. Então como conciliar a necessidade de defesa sem desenvolver mais um complexo industrial militar aqui. Uma possibilidade consiste em se criar uma indústria e um comércio interno entre as nações do continente, por exemplo o Brasil fabrica submarinos, o Chile barcos, a Venezuela drones e outros, voltados para o comércio interno

68

e não para a exportação. Para isso cria-se empresas estatais, como parece que já existem, com mão de obra terceirizada deixando a encargo do empresário, quando o caso, apenas o projeto da arma e não as fábricas, estas pertenceriam ao estado com mão de obra terceirizada. Assim ele ganha com o projeto e o protótipo sem precisar se preocupar em vender. Aquilo que não é fabricado aqui compra-se fora como a Índia vem fazendo.

A postura da Índia, de *"não alinhamento"*, parece ser a mais adequada para a região, porque estabelece parcerias militares estratégicas com diferentes polos e se minimiza os riscos de se envolver em uma guerra física e\ou econômica com uma superpotência. Pode-se aprovar um projeto de lei que impede que novas fábricas de armas sejam criadas pela iniciativa privada, salvo a fabricação do projeto e o protótipo. As novas fábricas poderiam ser estatais fazendo-se uso de mão de obra terceirizada. As que já existem, se seus proprietários quisessem vender, poderiam ser compradas pelo estado.

Nosso posicionamento

No que compete as guerras nosso posicionamento, entendo, deve ser o de *"não alinhamento"*. Ou seja, o de não violência, mantendo-se uma forte e inabalável inclinação ou propensão para a paz.

"Ninguém pode nos obrigar a sermos inimigos de ninguém, nem nossos piores inimigos"!

Diego Brito
Nato vs OCX

Vale ressaltar que se efetivamente essas forças se chocarem no mundo pode ser o fim da civilização humana. Não importa se país A ou B tinha razão, que diferença isso faz para os mortos. O que aconteceria com o mundo se o material radioativo que hoje está nas usinas nucleares japonesas caísse no mar. Isso pensando-se apenas no material que se encontra nas usinas japonesas.

Terceira guerra mundial

Episódios como o que hoje estão ocorrendo na Síria e na Ucrânia evidenciam que a terceira guerra mundial, de fato, já começou. A pergunta que se faz aqui é se ela parará ou se vai aumentar de escala. Seja na Síria, na Ucrânia ou mesmo no Mar do Sul da China, as soluções para os problemas precisam ser tratados pela via da política e da diplomacia e não pela via das armas, sobretudo nucleares.

Ainda que guerras pareçam exitantes (para ver quem é o mais forte), sobretudo para quem não está em campo de batalha, na prática sabemos que não há nenhuma grandeza nas guerras. Uma vez que filhos perdem seus pais, esposas seus maridos, se destrói as condições socioeconômicas do país e se causa traumas dos mais diversos. A Alemanha, antes arrogante e imperial, ficou deprimida e humilhada após a primeira e segunda guerra. Ou seja, depois do fim da ilusão(https://www.youtube.com/watch?v=8bqVaz4WKho). Ainda que os Aliados tenham vencido suas perdas e sofrimento também foi considerável. O que acontecerá então depois de uma terceira guerra mundial (nuclear)? Não haverá nova ordem mundial, simplesmente porque não restará seres humanos vivos para erigi-la. É um fato.

Estratégia

Não é possível se pensar num projeto de defesa real, que não tenha um mínimo de independência. Sistemas como o de satélite, GPS, produção local de itens básicos (se, durante uma guerra, faltar uma peça para um avião vai-se até a Rússia buscar uma peça de reposição?)

Por uma questão geográfica pode-se projetar um sistema de defesa envolvendo as nações da América do Sul\Central como aliás já se está fazendo, mas depender de nações que estão em outro continente para nos defender não parece razoável. Logo pode-se pensar num sistema de satélite\GPS que envolve os países sul-americanos. Um raciocínio que me parece básico encontra-se em dois conceitos:

O conceito de coesão

Este conceito está mais ligado a defesa, sendo alto evidente. Quanto mais coesa uma defesa, menor as chances de penetração, seja intra país seja entre os países que compõem a estratégia de defesa sul-americana. Um bom exemplo está na impenetrável Inglaterra de Winston Churchill.

O conceito de dispersão

Este conceito já não é tão alto evidente quanto o anterior, sendo produto de uma reflexão mais demorada. Em relação as outras grandes potências estamos bem atrasados do ponto de vista militar. Logo, ainda que investíssemos cifras bilionárias em nosso sistema de defesa, mesmo assim, dificilmente poderíamos no curto ou médio prazo representar algum tipo de ameaça a uma superpotência. Na verdade, nosso objetivo não é o de representar uma ameaça para ninguém, nosso propósito no que compete a defesa, consiste em apenas sobreviver e manter nossa soberania. Apenas isso. Não temos vocação imperialista e nem desejamos subjugar outros povos, seja do ponto de vista econômico, ideológico ou de qualquer outro modo. Nossa vocação está mais para o trabalho cooperativo e de ganho mútuo, bem como na ajuda ao próximo. Mas ocorre que outras nações e povos, incrivelmente e em pleno século XXI, não pensam assim. Acreditam que, por se julgarem superiores, podem subjugar, intimidar, submeter, escravizar, fazer uso da força para impor sua vontade e, até de fazer uso de armas nucleares sobre povos desprotegidos. Então, tristemente, somos obrigados a pensar numa estratégia de defesa mínima que desestimule outros povos e nações a quererem impor sua vontade pelo uso da força, sem o intermédio da negociação. Infelizmente ainda temos que criar mecanismos para nos defender de outros povos. Realmente lamentável porque, diante de tantas fragilidades, poderíamos estar a utilizar desta energia e recursos de um modo diferente, por exemplo extinguindo a pobreza e a fome no mundo, curando doenças, encontrando novas fontes energias, pensando num modo de vida mais sustentável. Mas não, ainda insistimos em fazer prevalecer a lei da selva. O conceito de dispersão, que engloba o conceito de projeção, diz que uma parte de nossas capacidades defesa devem ser utilizadas para projeção em direção a nação agressora. Isto quer dizer que, ainda que soframos um ataque nuclear, uma parte das forças precisam estar dispersas no mar, terra e ar para ser capaz de se projetar, concretamente, no território do agressor. Isto quer dizer que aja o que houver o agressor precisa ter a certeza indubitável de que será atingido em seu território e as forças armadas precisam estar preparadas o suficiente para realmente o fazê-lo. O agressor precisa estar disposto a sofrer danos ao se causar danos. Um bom exemplo encontra-se nos Kamikazes japoneses na segunda guerra mundial.

Um milhão no ar, um milhão no mar, um milhão no mato!

O objetivo não é o de vencer guerras, mas o de causar danos. Sendo assim, diante de um ataque nuclear ou de um ataque massivo não nuclear, precisa-se que uma parte das forças de defesas possam ser utilizadas para um ataque efetivo no território do agressor, aja o que houver. Um milhão no mar e um milhão no ar, representa a projeção das forças por esses meios. Um milhão no mato significa que após uma defesa coesa ser batida, sobretudo em decorrência de um ataque nuclear (nas grandes cidades), se resta forças terrestres capazes de se colocar obstáculos dificultando-se assim o trabalho do invasor. Essas forças terrestres também podem ser utilizadas para fins de projeção no território do agressor.

Vale ressaltar que a única razão plausível para sofrermos um ataque nuclear encontra-se no saque dos recursos naturais, daí o conceito de um milhão no mato, pois ninguém bombardeará com armas nucleares as florestas, sobretudo a Amazônica.

O objetivo não é o de vencer guerras, mas o de causar danos. O cálculo da defesa tem que pender para a negociação. Ou seja, o processo de negociação, seja pelo que for, precisa ser mais lucrativo ou menos custoso do que a invasão\agressão pura e simples. A defesa precisa ter uma dimensão adequada para a defesa, apenas isso. Uma vez que não pretendemos viver da pirataria de estado e do espólio de outras nações para a construção de nossa prosperidade. No Brasil acreditamos nas palavras finais do discurso de despedida de Eisenhower. Desejamos a nossa prosperidade, mas também desejamos a prosperidade alheia. Em última instância nossa estratégia de defesa tem como objetivo a afirmação de um direito fundamental inalienável, o da tentativa de permanecermos vivos e soberanos.

Reprodução rápida em vez de produção em massa

Para um país e região cujos os recursos são escassos e que possui muitas deficiências históricas organizar e manter um exército grande parece ser algo bastante complexo e custoso. Logo, é melhor ter um exército menor, mais profissional e bem organizado do que um exército grande e não funcional. Por exemplo, em vez de possuir cem mil tanques é melhor ter a capacidade de produção de cem mil tanques em pouco tempo. O mesmo vale com aviões, soldados e outros. Como faz Israel, é preciso investir no treinamento e qualificação constante dos quadros, em vez de se ter muitos quadros mal qualificados.

Treinar a coragem

Como nosso objetivo não é o de vencer guerras e sim causar danos, uma vez que não temos a menor condição e intenção para isso, sobretudo contra uma superpotência, é preciso treinar a coragem. Está será fundamental em qualquer estratégia, seja a de coesão, seja a de projeção.

Informação, inteligência e organização

Hoje todo o equipamento militar e, mesmo as políticas públicas, não tem nenhum valor sem a orientação de um composto que mescla informação, inteligência e organização. Logo, uma parte dos recursos, precisam ser direcionados para estes meios.

Diplomacia

Ainda que tenhamos esboçado aqui uma resumida estratégia de defesa, devemos fazer valer literalmente este termo, o de defesa. Não temos nem a mais distante motivação de causar qualquer tipo de dano a outros povos. Sendo assim nossas intenções e mensagem precisa ficar

Sugestões de medidas e políticas públicas pontuais:
para o Brasil, América Latina, Central e o mundo!

clara para o mundo. Isto quer dizer que nossa principal arma não são as bombas e canhões e sim a diplomacia. Faremos daqui a zona mundial da paz. A começar nomeando nossas forças armadas como da Paz. Exército da Paz, Marinha da Paz, Forças de Defesa da Paz, etc. Parece um pouco contraditório se falar em zona mundial da paz ao mesmo tempo em que se traça uma estratégia de defesa. Pode parecer estranho, mas não é. Quem nos ensina isso é Alfred Nobel, o criador do prêmio Nobel da Paz. Ele era um fabricante de armas, mas que no fim de sua vida queria trabalhar para a promoção da paz. Foi então que concluiu que o melhor modo de se evitar as guerras é armando os dois lados de modo relativamente equivalente, justamente para se evitar as guerras e não para promovê-las. Para nós o único caminho possível e aceitável é o da paz. A guerra é a última opção como assinala Sun Tzu em A arte de guerra.

"Imagine se fosse um pai de família e que estivesse passando pela rua, desarmado e sozinho com alguns trocados no bolso, e, no caminho, encontrasse com um grupo de terroristas reunidos conversando entre si. Agora imagine que um deles lhe lançasse uma pedra sem nenhum motivo aparente. A reação natural é reagir com raivosidade e indignação, mas a reação racional não, esta seria a de pedir desculpas, devolver a pedra e ir embora cuidar de sua vida e de sua família."

— Desculpe senhores, vocês deixaram uma pedra cair. Obrigado e Adeus!

Importante

Vale ressaltar que, de modo algum, devemos nos incorrer em práticas como viciar as populações de outras nações em drogas, conter seu desenvolvimento (econômico, cultural, espiritual e outras.), travar guerras culturais, econômicas e, muito menos físicas (não somos carniceiros), enfraquecer suas populações com banalidades. Nosso foco deve centrar em nosso próprio aperfeiçoamento e no estabelecimento de parcerias construtivas com outros povos e nações pensando-se no longo prazo, bem como nos qualificar a prestar um serviço e\ou fornecer produtos que agreguem valor para outros povos. O conceito de defesa precisa ser construído em consonância real com o termo, o de realmente se defender dessas práticas e não, simetricamente, agir com reciprocidade. Não podemos cair na tentação de buscar caminhos fáceis e cômodos em nosso processo de desenvolvimento, impulsionados por nossas dificuldades do presente. Não existe, desenvolvimento fácil, soluções fáceis, crescimento sem esforço. Tudo isso é ilusão. Mudar a realidade concretamente é difícil, tal como fazer coisas é difícil. Também não podemos permitir que outras pessoas e\ou nações definam quem nós somos. Se adotamos as mesmas práticas, ainda que nossas intenções sejam boas, concretamente qual a real diferença destes para nós além de nossa própria subjetividade. Ou seja, na prática, nada nos diferenciamos desses além da nossa autocrença de que somos diferentes, uma outra ilusão. Mesmo que não pareça as guerras possuem um forte componente moral e, ainda que a justiça no mundo seja apenas mais um conceito abstrato, isso não significa porém que esta não existe ou, do contrário, que possa vir a existir entre os homens. Mas não é praticando a iniquidade e a injustiça que iremos, sob a justificativa de sua implementação, erigi-la.

Resumo: a estratégia de defesa proposta aqui visa ao máximo evitar um conflito, ou mesmo obter qualquer tipo de vantagem ou lucro com atividades voltadas para a guerra. Prioriza a diplomacia e a cooperação, mas não se furta do reconhecimento de uma visão realista dos fatos. Lamentavelmente as guerras ainda existem e não se pode ignorar isso. O objetivo não é o de vencer guerras, sobretudo contra grandes potências, mas causar danos. A pergunta que o oponente precisará fazer após a implementação desta estratégia consiste em saber não apenas sobre os danos que pode causar, mas também nos danos que estão dispostos a sofrer. Os custos da guerra deve pender para a negociação.

"Com uma economia mundial tão dependente da indústria armamentista como atualmente, a profissão mais perigosa do mundo consiste na de pacifista!"
Diego Brito

"No entanto, no Brasil, nosso lema continua sendo, faça amor não faça guerra!"
Diego Brito

Tais propostas para a defesa pode não parecer convencional, sobretudo a de não se criar mais um complexo industrial militar aqui e lucrar com ele, visto que a região possui extremas debilidades econômicas. Ou seja, um absurdo. No entanto, ajudar na promoção de guerras não constitui por si só num absurdo? Que tipo de futuro desejamos construir?

Nota: as análises acima tratam de um raciocínio e podem não estar corretas.

9 – Comunicação – Uma sugestão!

Essa perene relação conflituosa com a mídia consiste em algo bastante nocivo para a criação e a manutenção de uma boa imagem do governo e para a governança em si. Também vale ressaltar que apesar deste posicionamento constante contra o governo essas empresas geram bons empregos e atuam em parceria com importantes indústrias\investidores. No entanto, o estado não é fábrica de refrigerante para ficar fazendo propaganda a todo instante, sendo que a melhor propaganda para um governo consiste numa boa gestão. Parece que essas empresas de comunicação são bastante dependentes dos recursos estatais, sendo um dos motivos, além do posicionamento *"ideológico"*, que as levam a adotar uma postura pouco imparcial em relação ao processo político. Agora, como em outros segmentos da economia, estão efetuando demissões em massa, o que é algo muito ruim. Além dos problemas atuais na economia existe também o fator da extrema concorrência de empresas como o Google, Netflix, Facebook e outros que vêm ganhando o mercado de publicidade. Uma sugestão é tentar buscar algum processo de fusão e\ou de parceria para criar estruturas mais robustas capazes, por exemplo, de produzir seriados e filmes que possam ser exportados. Um mercado promissor encontra-se nos BRICs que possuem populações imensas, ávidas por entreterimento. Essas empresas poderiam se unir e criar uma estrutura cinematográfica conjunta de altíssima qualidade que possa ser compartilhada entre elas. Cria-se uma espécie de Hollywood brasileira ou Sul Americana. O estado pode dar incentivos neste sentido. Para se reduzir a interferência na política pode-se fixar uma renda para publicidade que, independente do partido vencedor, ela teria que ser a mesma. Pode-se pensar em, no futuro, se reduzir a carga tributária dessas empresas para que elas possam se readequar ao novo cenário e seguirem seus caminhos com menor dependência dos recursos estatais. Uma medida que parece necessária, se quiserem sobreviver, encontra-se na redução dos salários de alguns quadros que podem ficar insustentáveis diante do novo cenário do mercado. Quanto ao conteúdo, quanto mais o governo puder se comunicar com o cidadão, colocando-os a par da realidade (de coisas positivas e negativas), bem como estimulando-os a se prepararem para vencer os desafios reais, então melhor. No caso das revistas, ainda que não atuem de modo imparcial do ponto de vista político, estas organizações geram bons empregos e, parte do conteúdo que produzem (ainda que se discorde do político) é instrutivo sim. Apesar de se posicionarem muitas vezes contra os governos populares da região, elas podem contribuir para a melhora e o desenvolvimento do país. Pode-se os governos populares melhorarem a relação com esses meios de comunicação e, apesar de possuírem um posicionamento político bem definido, se tentar trabalhar de modo construtivo com estes veículos. A possibilidade de acesso online para pessoas de baixa de renda as revistas, compras de edições passadas (mais baratas) para deixar disponíveis em locais onde as pessoas esperam por atendimento, no SUS, entre outros. Vale também para revistas mais próximas do posicionamento ideológico do governo, como Carta Capital por exemplo. Não há nada melhor do que uma economia em pleno funcionamento para empresas que trabalham com informação, comunicação e entreterimento como o Grupo

Sugestões de medidas e políticas públicas pontuais:
para o Brasil, América Latina, Central e o mundo!

Abril, por razões óbvias. Produtos como revistas são mais consumidos por pessoas de nível de renda e cultural mais elevado, então se elevar os padrões de vida da população é fundamental para o sucesso dessas empresas. Isto é evidente. Sem mencionar o ganho com os anunciantes.

10 – Cultura – Uma sugestão!

Um grupo reduzido de pessoas, sobretudo famosos, conseguem ter acesso a vultuosos recursos. No entanto, estes recursos tinham que ser destinados, prioritariamente, àqueles artistas que estão começando, além de projetos que visão atender a um público mais próximos das camadas populares e mais vasto. Por exemplo, pode-se criar pequenas bibliotecas em vários locais estratégicos como em estações de ônibus, repartições públicas, estimular a criação de bibliotecas nas empresas, em pequenas cidades espalhadas nos bairros, nas igrejas e associações comunitárias. Pode-se facilitar o acesso a pequenas bandas e músicos para se fazer apresentações em cidades do interior, fazer desenhos em locais públicos como pontes, prédios, hospitais. Estimular novos autores, via processos mais simples, se fazer concursos nas escolas como de confecção de poesias, músicas e textos e outros.

11 – Indústria – Uma sugestão!

Diversificar ao máximo o parque industrial, mas enfatizar o estímulo em alguns setores específicos para se amplificar a competitividade destes, sobretudo aqueles que já somos competitivos como o calçadista. Sistema de saúde pública e educacional inadequado, mendigos nas ruas, pobreza e tudo isso desestimula o empreendedorismo porque intimida as pessoas e fazem com que elas busquem espaços mais seguros para trabalharem. Uma vez que empreender pressupõe assumir riscos.

12 – Energia – Uma sugestão!

É preciso sempre que possível trabalhar na ampliação e diversificação de nossa matriz energética para, além de se poder atender a demanda, quem sabe se reduzir os preços de modo sustentável, sobretudo para atividades produtivas. Investir principalmente em fontes de energia limpa e renovável como solar, eólica. O continente americano de modo geral é muito rico em recursos energéticos renováveis. Existe um trabalho muito interessante realizado por alguns estados chamado de mapa energético. Pode-se se criar uma grande rede de energia renovável que abrange todo o continente de modo que o excedente energético possa ser vendido para regiões mais consumidoras com deficiência de produção. Aqui no continente americano, na prática, precisamos consumir muito pouco combustíveis fósseis se conseguirmos explorar o grande potencial energético renovável que nosso continente pode oferecer.

13 – Meio Ambiente – Uma sugestão!

São imprescindíveis a adoção de programas de monitoramento das florestas, sobretudo a Amazônica. Pode-se pensar em estabelecer parcerias com países como a Alemanha para, por exemplo, se criar empresas teuto brasileiras com o objetivo de explorar as riquezas da floresta e utilizá-la para sua própria proteção. Muitos animais morrem nas estradas que beiram áreas verdes, pode-se adotar programas específicos para amenizar isso. O investimento em fontes de energia limpa já não é mais uma questão de escolha. Pode-se incentivar as pessoas a plantarem uma árvore em frente suas casas e os prédios podem utilizar placas para a captação de energia solar nas grandes cidades. Quaisquer outras medidas que visam amenizar os impactos da degradação do meio ambiente nestes tempos sombrios é bem-vinda.

14 – Política – Uma sugestão!

Existem muitos modos de se definir o termo política e podemos refletir sobre alguns aqui. Por exemplo, política como a arte de conciliar os diferentes interesses e necessidades de uma dada sociedade, num dado momento de uma maneira suficientemente harmônica. No entanto, a definição que mais percebo assertiva em sua reflexão no mundo prático e real encontra-se na política como a "arte da reciprocidade". Sem reciprocidade a atividade politica simplesmente morre. É a reciprocidade que norteia que tipo de relação estabeleceremos com os outros e com o mundo. Se passo pela rua e cumprimento uma pessoa, uma, duas, três vezes. E, esta pessoa não responde, então deixo de fazê-lo definitivamente. Ou seja, mudo minha política em relação a ela. Nossa relação, portanto, é dissolvida. Se ofendo alguém é provável que este alguém me responda com uma ofensa, se lhe convido para uma festa pode ser que, em algum momento, o faça o mesmo, se relego ao limbo quem coopera comigo então o futuro pode me aguardar o mesmo destino. Porque é assim que as coisas funcionam, descuidar desta mecânica consiste numa ilusão, em política, perigosa. O PT, por sua vez, adquiriu o estranho hábito de fortalecer seus inimigos e enfraquecer seus apoiadores como relata Mino em Carta Capital, denominando tal comportamento de síndrome de Estocolmo. Não sei que tipo de estratégia é essa, mas não me recordo de tê-la visto sendo aplicada com sucesso em lugar nenhum. Pode-se recorrer também a teoria da seleção natural, se recompensar com regularidade os mal feitores, mentirosos, acharcadores e, por outro lado, punir os apoiadores de boa fé (como foi o tratamento dispensado a

Sugestões de medidas e políticas públicas pontuais:
para o Brasil, América Latina, Central e o mundo!

Erundina em São Paulo ou ao Suplicy que, a anos tenta ser recebido pela presidenta.), logo só sobreviverá os primeiros, trata-se de um fato biológico. Ou seja, tal política tem, com razão, convertido os apoiadores em inimigos e mantendo os falsos apoiadores fortalecidos. Em religião a regra é "faça aos outros o que gostaria que fizesse com você", já em política é "faça aos outros o que fizeram com você". resta saber qual será futuro disso.

15 – Algumas ideias para um presidente(a) da república – Uma sugestão!

Existem sugestões neste trabalho que parecem poder, ainda, ser úteis, por exemplo:

1 – Mapeamento das áreas de risco: se este trabalho tivesse sido realizado como foi proposto certamente a tragédia que acometeu no rio Doce teria sido evitada. Indubitavelmente.

1.1 – Ainda que nem todos os problemas possam ser resolvidos de uma única vez, pode-se mapeá-los e, pouco a pouco, ou um a um, os ir solucionando.

2 – Cadastro único de vagas: a proposta deste medida difere da que foi realizada pelo governo (Dilma) mais recentemente, no sentido que objetivo aqui não é, prioritariamente, o de uma agência de recrutamento e seleção e sim de levantamento de dados e pesquisa. O objetivo desta proposta consiste em saber, por exemplo, quantas vagas para engenheiros mecânicos existem no país, onde elas estão situadas, qual a média salarial por região, quantas estão ocupadas, quantas estão ainda em abertas, porque estão abertas, quantas pessoas formadas em engenharia mecânica existem no país, onde elas estão situadas, quantas estão estudando, quantas vagas existem aberto nas faculdades, quantas estão ocupadas? A intenção é levantar dados para se formular políticas públicas, oferecer orientação para empresas e profissionais, etc. O trabalho de recrutamento e seleção pode se deixar para a iniciativa privada.

3 – Outras.

Conclusão

No que compete ao estado, bem como a um país, existem milhares de coisas que podem ser aperfeiçoadas, em menor ou maior grau, independente do estágio de desenvolvimento em que este se encontra. Para um país como o Brasil, por exemplo, a muito o que se fazer. Só o tempo e o trabalho duro ao longo do tempo poderá ser capaz de atender a essa demanda. A sempre muito o que se fazer e muito o que se melhorar, sempre com a possibilidade real de retrocessos. É preciso portanto um esforço contínuo em direção ao aperfeiçoamento. Uma boa medida é investir uma parte dos recursos em pesquisa e inteligência como ferramentas de auxílio ao gestor, identificar os problemas e compreender sua estrutura e, ao longo do tempo, ir tentado solucioná-los sem criar outros. É trabalho para muitas gestões e de longo prazo. Pois, do contrário, corre-se o risco de se aplicar muitos recursos e não se obter os resultados almejados, ainda mais com toda a complexidade que envolve um estado. É um fato, tão importante como fazer é se fazer certo.

Existe muito a ser aperfeiçoado\criado no estado e, certamente não é possível se fazer tudo de uma única vez, ou numa única gestão. Daí a importância de se ir catalogando os problemas bem como se estudando sua estrutura (suas características, incluindo o contexto onde eles se inserem), ordená-los conforme suas prioridades, classificá-los ou colocá-los numa categoria, associar a estes possíveis soluções bem como tentativas mal sucedidas para, em algum momento, se conseguir solucioná-los efetivamente. Alguns problemas são simples, outros de natureza mais complexa de causas multifatoriais e que podem requerer uma abordagem multidisciplinar para sua solução.

Se implementado com uma visão de longo prazo este modelo (em anexo) parece ser o caminho, dado o contexto, para se gerar prosperidade na região, como aconteceu em outros países como Alemanha, Japão, Coreia do Sul e, ainda que incipiente, na China. Este material contem algumas medidas para ajudar no seu desenvolvimento. Mesmo que venhamos a conhecer, objetivamente, outro modelo bem melhor sua implementação dependeria de uma mudança da Ordem Mundial, algo muito pouco factível para se realizar daqui. Este modelo não acabará com as desigualdades e injustiças, uma vez que estas são também funcionais (ou seja, remete a natureza do trabalho), mas minorará muitas das mazelas que ainda vivenciamos. O período Lula demonstrou isso. Mas não é nada fácil, isto porque não existe desenvolvimento fácil. Se resta dúvida disto, basta perguntar aos chineses. Pessoalmente penso que a humanidade precisa encontrar outro modelo melhor, mas isso não cabe apenas a nós. Veremos mais abaixo.

Conceitos gerais:

1 – Manter as instituições públicas, mas se cogitar (analisando cada caso) transferir para o sistema privado a administração. Obviamente, para empresas de alto nível.

2 – Criar um só sistema sob uma única administração, implementado-se as mesmas regras e padrões. Por exemplo, o de saúde.

3 – Priorizar os serviços públicos apenas para quem não pode pagar para não sobrecarregar as contas públicas e não degradar os serviços prestados, bem como as condições de trabalho dos profissionais, devido aos poucos recursos.

3.1 – Conceitos como educação e saúde de qualidade gratuita para todos não podem ser aplicados, de modo sustentável, sem comprometer as contas públicas, ainda, em nossa realidade. Deve-se alterá-lo para educação e saúde de qualidade gratuita para todos que não podem pagar.

3.2 – Quando houver uma melhora na estrutura fiscal, principalmente da estrutura da dívida pública, bem como o aumento na arrecadação aí sim pode-se cogitar a voltar para este modelo de saúde e educação gratuita para todos com a mesma qualidade média. Porque no presente não há saúde e educação de qualidade para todos. Ainda que todos tenham acesso ao sistema de saúde e de educação.

4 – Em alguns casos concentrar recursos, sobretudo em projetos estratégicos.

5 – Estabelecer um sistema de meritocracia na administração pública.

6 – Criar regras simples e claras, mais fáceis de serem compreendidas, internalizadas, fiscalizadas e cumpridas, bem como se estabelecer padrões.

7 – Especializar as instituições. Por exemplo, em vez de uma universidade ter em seus quadros profissionais de TI, uma empresa de TI estatal presta serviço para a universidade. O mesmo vale com atividades administrativas.

8 – Criar ambientes mais alegres, saudáveis e divertidos, bem como menos hierarquizados.

9 – Priorizar com políticas públicas os mais necessitados, bem como capacitar as pessoas para não dependerem dos recursos do estado e sim do seu trabalho, isto vale para os *"empresários"* também. Para que isso ocorra é preciso se criar um ambiente econômico favorável.

10 – Integrar as universidades com o sistema produtivo, estado, sistema político, hospitais e outras instituições.

11 – Estimular o empreendedorismo e o mercado, deixando os recursos do estado para investimento em setores estratégicos, como energia, mineral, defesa. Ou seja, conciliar de modo harmônico o estado com o mercado.

12 – Manter uma relação amistosa com todos os países e sempre trabalhar de modo cooperativo numa relação de ganha-ganha.

13 – Ter uma visão de curto, médio e longo prazo. Mantendo-se o projeto independente do grupo político.

14 – Compartilhar projetos e iniciativas bem-sucedidas entre os entes da federação.

15 – Investir em prevenção para gastar menos com o sistema judicial\policial e mais com educação, saúde e desenvolvimento.

16 – Valorizar a educação básica, bem como o ensino universitário.

17 – Distribuir a renda de modo mais equitativo no tecido social.

18 – Criar aqui uma zona mundial da paz.

19 – Trabalhar o problema fiscal pensando no médio e longo prazo, pagando-se aquilo que se deve.

20 – Sempre que possível fazer das instituições públicas, com por exemplo a empresa de TI e presídios, no mínimo, autossuficientes.

21 – Evitar se colocar numa posição de nós contra eles, que em última instância tal politica beneficia apenas os fabricantes de armas.

22 – Outros.

Vale notar que existem muitas coisas a serem feitas ainda, o que pode ser desanimador quando pensamos num modelo ideal. No entanto, em vez de pensar no muito que ainda precisa ser feito é melhor focar numa única coisa. Vai-se aos poucos, passo a passo, melhorando.

Estamos inseridos num sistema que se base-a nos

princípios da competição e da concorrência. Podemos até imaginar outros modos diferentes de nos organizar em sociedade, no entanto, até o momento, este é modelo existente. Este fato faz com que as coisas se pareçam mais difíceis para nós, sobretudo porque estamos atrasados na competição mundial. No entanto, as circunstâncias nos trouxe aqui e, gostemos ou não, temos que, partindo das coisas como são, buscar nosso espaço no mundo como ele de fato é. Do contrário as coisas só vão piorar ainda mais para nós.

O estado quando possuidor de algum patrimônio coletivo (principalmente em setores básicos) sendo bem gerido, mesclado com investimentos privados, parece ser um bom modelo. Pois com seus investimentos pode se tornar autossuficiente e reduzir a tributação sobre o setor produtivo. Bem como oferecer serviços públicos de qualidade e reduzir o custo do acesso as necessidades básicas água, alimento, energia, etc.

Acredito que podemos, apesar do histórico, trabalhar de modo cooperativo com os E.U.A criando uma relação de interdependência bidirecional ou de dependência inversa, pois deste modo são compelidos a trabalhar para nossa prosperidade. Pois ao fazê-lo se beneficiam também. Para nós no continente é bom que os E.U.A esteja com sua economia fortalecida pois trata-se de um importante importador de matérias-primas. No entanto, precisa mudar de postura e estabelecer relações construtivas de ganha-ganha com os outros países da região. Respeitar o desejo de autonomia e soberania destes. Ou seja, tornar-se uma espécie de Alemanha das Américas, no sentido de se beneficiar com o comércio na região, mas focando sempre no próprio desenvolvimento.

Com o processo de desenvolvimento da região os chamados globalistas têm muito a se beneficiar, pois podem operar com mais facilidade com suas empresas. É importante ressaltar que aqui na América do Sul e Central não somos contra os ricos e\ou contra a riqueza. Ou seja, nossos problemas não é com a existência da riqueza, mas com a existência da pobreza. Pessoas como a alemão naturalizado no Brasil, o senhor Werner Voigt que fundou aqui a maior fabricante de motores elétricos do mundo são bem-vindos. Ou seja, gente que soma, pois que subtrai já temos muitos.

É preciso reconhecer as dificuldades da classe empresarial para a criação e manutenção de suas empresas, daí a necessidade de encontrar meios de facilitar suas atividades. Uma ideologia muito difundida em nosso tempo é a do "estado mínimo". Ocorre que estado, para esta arquitetura de sociedade, precisa atuar intermediando o processo, para garantir um ambiente extra empresa que permita com que as empresas possam atuar e funcionar com plenitude. Por exemplo, com educação em massa, acesso ao sistema de saúde para quem não pode pagar, segurança, construção de infraestrutura, combate a epidemias, sistema jurídico, outras políticas públicas que podem variar conforme o país (ver Tofller). Ou seja, existe um custo inerente para sua construção e manutenção. Por isso é bom para a classe empresarial que estado possua patrimônios (bem administrados) que geram receitas provenientes de seus ativos, justamente para ajudar a custear o estado. É bom (para o capitalismo mesmo) que setores básicos fiquem com o estado com o de água e esgoto, energia e outros, e que gerem lucro (ver Michael Hudson) para ajudar no custeamento do estado para além da arrecadação com os impostos. Setores que envolvem inovação é melhor que fiquem nas mãos dos empresários. Para que o estado vai possuir uma montadora de veículos? É preciso reconhecer que a administração privada supera a pública quando se trata de eficiência, mas em parte isto se deve a este processo seletivo que permite, o que o grande economista brasileiro Celso Furtado chamava de seleção negativa. O estado pode ter investimentos ou ações de empresas sólidas e ganhar com pró-labore para ajudar a se auto custear. Criemos então um novo conceito, o de estado de custo mínimo.

Diego Brito

Resumo: existe ainda um estado de subdesenvolvimento grande na América Latina e Central e, portanto, muito o que se fazer. Do ponto de vista econômico tentar se conciliar os investimentos públicos (direcionados para setores e projetos estratégicos) com os privados de uma maneira harmônica e complementar parece ser o melhor caminho a seguir, um bom exemplo para a esquerda latino-americana encontra-se no da China. Qualquer que seja o modelo econômico essa região precisa trabalhar para seu desenvolvimento, o que na prática é algo muito difícil e tarefa para longo prazo e muitas gestões. Para que isso ocorra um conjunto de medidas pontuais precisam ser tomadas, foram citadas apenas algumas, no entanto existem muitas outras. No campo da defesa precisamos aderir a paz, cimentando aqui uma zona de diálogo, entendimento e cooperação com todos os povos. Quanto mais estável e qualificado um sistema político mas fácil será esta tarefa. O estado pode trabalhar como indutor do desenvolvimento ou se apresentar como um empecilho para isso. As parcerias na Ásia, mais especificamente com Rússia e China são louváveis, bem como a criação do grupo dos BRICs, no entanto é preciso também trabalhar de uma maneira harmônica com os E.U.A e Europa. O mundo, bem como a América Latina e Central, está repleto de problemas. Resta saber se da aqui vamos ampliá-los ou trabalhar, dentro da realidade, para minorá-los. Bem como ajudar na promoção da paz e da prosperidade no mundo.

Para outros países e povos mais feliz – Uma sugestão!

À medida que tentava entender um pouco mais a estrutura dos problemas que vivenciamos no presente aqui na América Latina e Central (e o fiz muito superficialmente diga-se de passagem) voltei minhas lentes para o contexto da geopolítica para que pudesse me atualizar dos acontecimentos (e também o fiz muito superficialmente). Como as coisas andam bastante tensas no mundo não pude deixar de, ao menos tentar, contribuir como algumas sugestões com objetivo de encontrar caminhos que pudessem, mesmo que temporariamente, apontar para a solução de alguns dos problemas que o mundo enfrenta. Uma vez que um problema só pode ser combatido com uma solução, tal como a pobreza com a prosperidade, a doença com o remédio, o frio com o calor. Não tem saída ou se soluciona os problemas ou não. Se isto não ocorre estes cobrarão o seu preço na realidade.

De modo algum desejo com este trabalho me intrometer em assuntos de outros países ou regiões, muito menos ensinar o padre a rezar a missa. Mas me sentiria culpado de enxergar tantos problemas e de, ao menos tentar, propor soluções. Vale notar que vivemos num sistema interconectado, logo um problema que afeta os E.U.A afeta diretamente a nós, o que dizer de uma terceira guerra mundial ou do colapso do sistema financeiro global. Além do mais eventos como hoje ocorrem na Síria, Iraque, Ucrânia e outros, tendem a mexer com a humanidade de qualquer um, pois ainda que desejemos ter uma vida boa e

100

feliz, em geral, na condição seres humanos, não desejamos que outros tenham um destino tão cruel, independente de sua nacionalidade. Fundamentalmente é isso que nos faz sermos humanos... Em última análise, se essas sugestões não forem boas o suficiente para serem aplicadas na realidade basta apenas descartá-las, sem traumas, uma vez que refletem apenas o ponto de vista do autor.

Sei que existem pessoas e nações que se regojizam com a desgraça alheia, que são avessas a promoção do bem que não o próprio, uma vez que deste modo podem se vangloriar de sua superioridade e competência, pessoalmente não consigo perceber o propósito disso. Talvez camuflar sua real mediocridade. Pois afinal porque todos não podemos ser felizes?

Por uma China mais feliz – Uma sugestão!

A China parece passar por desafios gigantescos neste momento, sofrendo pressões de toda parte. Agora o mundo volta suas lentes para a China e se põem a perguntar como poderão dar continuidade a sua trajetória de crescimento singular. Parece que deseja seguir o caminho de se ampliar o consumo interno como meio de aumentar sua demanda interna com menor dependência das exportações. Para isso me parecem existir apenas dois caminhos complementares, se construir produtos com maior valor agregado, ou uma indústria de maior complexidade, bem como ampliar a renda da população, podendo ser feita de uma forma mais direta com a transferência de recursos do estado para a população. O programa bolsa família no Brasil é um exemplo concreto de que esse mecanismo funciona. Neste caso é preciso incentivar o consumo e não a poupança, evitar criar mais empresas com dinheiro estatal e\ou com investimentos da população na bolsa. Salvo em casos específicos, por exemplo o da indústria de alta complexidade.

Porque? Porque assim tanto o estado quanto as pessoas perdem a liquidez e, consequentemente, sua capacidade de transferir recursos bem como de comprar, respectivamente. Além de aumentar a concorrência interna o que, consequentemente, pode gerar mais capacidade de produção ociosa. Então como conciliar geração de emprego com uma indústria de maior complexidade? Pode-se criar uma indústria de maior complexidade para atender setores já existentes dentro da própria economia, por exemplo a mecanização das atividades agrícolas. Isto vai gerar empregos na indústria de maior complexidade, mas vai retirar do campo ainda que a produção agrícola seja ampliada. Em algum momento esta mesma indústria precisará ser suficientemente competitiva para voltar-se para exportação, não tem jeito. E aquela pessoa que perdeu seu emprego no campo? Ela precisa ser alocada em outra atividade do setor produtivo e receber ou não uma remuneração completar. Pode-se pensar em reduzir as horas de trabalho pela metade flexibilizando a legislação, se houver mão de obra excedente, mas sem aumento de salário para não sobrecarregar o empresário e sua empresa perder competitividade. Daí a importância da renda complementar transferida para o cidadão diretamente pelo estado.

Visa-se atingir, portanto, com este pensamento três objetivos que culminam no processo de construção de uma China mais feliz, a eliminação de trabalhos desumanizantes e desagradáveis pela via da automação, a redução das horas de trabalho na execução de trabalhos desumanizantes e desagradáveis em tarefas que ainda não podem ser automatizadas e, por último, o aumento da renda do cidadão. Com a automação do campo, por exemplo, amplia-se a produtividade e com isso a oferta. As pessoas com mais dinheiro em mãos podem, portanto, consumir mais. E, consequentemente, serem mais felizes. Vale notar que se o estado retransfere a renda diretamente para o cidadão este tende a perder um pouco de sua capacidade de investimento, aí é que entra o bom senso pois senão pode deixar de ter recursos para investir em projetos estratégicos.

Automação: eliminação de trabalhos desagradáveis e desumanizantes, bem como melhoria dos processos. O planejamento precisa ser de médio a longo prazo (30,60,90 anos) para a automação de processos e eliminação de trabalhos desagradáveis e desumanizantes intra e extra (via exportação) sociedade. Esta indústria precisa ser competitiva o bastante para exportar. Logo, pode-se pensar em, de um lado redução da pressão populacional, sobretudo em setores mais carentes que tendem a serem *"destinados"* a execução de trabalhos desumanizantes e desagradáveis e, do outro, na ampliação da automação dos processos que geram trabalhos desagradáveis e desumanizantes. Vale ressaltar que, o que de fato libertará a humanidade dos trabalhos desagradáveis e desumanizantes, não é essencialmente o capitalismo ou o socialismo e sim as máquinas, mais especificamente a automação dos processos.

1) O que deve ser automatizado?

É preciso se fazer mapeamentos, com base em observação e estudos.

Exemplos: lixar paredes, assentar tijolos, processos industriais, limpeza, tarefas em hospitais, no campo, etc.

O uso da palavra mapeamentos no plural não foi por descuido. por que se faz uma primeira investigação, depois uma segunda, depois uma terceira, etc. Cria-se um banco de dados contendo estes estudos (vídeos, fotos, descrições....) e vai aos poucos de modo gradativo, escolhendo-se os seguimentos que se deseja automatizar. O ideal é que o serviço ou o produto mantenha ou amplie sua qualidade, seja realizado com menor tempo e com baixo custo para se automatizar, sem perder o foco que é eliminar trabalhos desagradáveis e desumanizantes. Esta solução precisa ser boa e competitiva o suficiente para se exportada, do contrário esta indústria não se sustenta.

Pode-se criar um grande banco de dados, via mapeamentos, composto por descrições, vídeos, imagens, informações como acidentes, consequências físicas ao corpo humano, remuneração e outras, sobre o trabalho com suas diferentes condições. Ele servirá, além de objeto de estudo, como possível referência para posterior automação. Este item pode ser incluso no Projeto de uma Sociologia Científica ou mais científica logo abaixo.

2) Como deve ser automatizado?

Cria-se a solução, viabiliza o acesso interno a solução, exporta a solução. É preciso combinar:

a) Aumento da produtividade: a tarefa\processo após automatizada(o) deve realizada(o) de modo mais eficiente que antes aumentando-se a produtividade.

b) Aumento da qualidade: a tarefa\processo após automatizada(o) deve ampliar a qualidade.

c) Acesso viável: o custo para se automatizar precisa ser viável e acessível. Não adiantar se poder automatizar do ponto de vista técnico, mas não podê-lo do ponto de vista da aquisição.

d) Exportar a solução: esta solução precisa ser boa e competitiva o suficiente para se exportada, do contrário esta indústria não se sustenta.

Sugestões de medidas e políticas públicas pontuais:
para o Brasil, América Latina, Central e o mundo!

3) Porque deve ser automatizado?

Com isso cria-se uma indústria de mais alta complexidade (não a única) que, por suas características inerentes tende a criar trabalhos melhores e mais bem remunerados, que se volta tanto para a exportação quanto para o atendimento interno. Ao se automatizar processos cria-se o desemprego estrutural nos setores automatizados no entanto, por outro lado, se gera emprego em outros setores como na indústria robótica. O problema está em o que fazer com as pessoas que perderam seus empregos com a automação dos processos. A resposta está em alocá-las em outros trabalhos similares (ruins) que não puderam ainda ser automatizados, no entanto trabalhando-se por menos tempo. Ou seja, os mesmos trabalhos de natureza ruim sendo compartilhados por mais pessoas. O estado entraria, talvez, com recomposição salarial, bem como uma legislação compatível se necessário para poder se trabalhar por menos horas sem inviabilizar a empresa. Outra solução está na requalificação.

4) Consequências?

No futuro é possível que se automatize a maior partes desta categoria de trabalho, e isto é bom. A questão então passa a ser puramente política. Uma vez eliminado o trabalho (ruim) e, portanto, pessoas que recebem por ele, o que fazer com seu produto?

Não é algo, simples, rápido e fácil. Trata-se de um

processo complexo, demorado e difícil. Que não pode ser feito de modo brusco e sim gradativo, para não se gerar desemprego em massa, bem como se criar indústrias não competitivas. Mas se a China conseguir fazer isto estará a prestar um grande serviço para a humanidade, sobretudo para as classes trabalhadoras, onde quer que elas estejam. Pois existem certas tarefas que são incompatíveis com a natureza humana.

A China e a Índia sofrem com uma pressão populacional muito grande, talvez, no futuro, possam tomar medidas para reduzir suas populações de modo gradativo à medida que automatizam processos de trabalhos desagradáveis e desumanizantes.

Qualquer medida que se possa adotar em prol dos trabalhadores, sobretudo os que executam tarefas mais desagradáveis e desumanizantes, é positivo. Por exemplo, atenção aos EPIs, redução de horas de trabalho, aposentadoria mais cedo, programas\educação alimentares adequados, educação física, criação de espaços coletivos como clubes, academias, quadras esportivas, incentivo a uma vida mais saudável, promoção de espaços que levem a uma maior interação comunitária e redução da competição social, melhora do ambiente de trabalho (por exemplo fundido empresas menores e se criando empresas mais estruturadas com melhor infraestrutura, atenção a saúde preventiva e corretiva, etc.

Pode-se fazer o mapeamento, o projeto e, não necessariamente, se implementar por uma questão de recursos\possibilidades, mas o fazer no futuro. Ou se implementar numa esfera menor. O objetivo aqui é priorizar as pessoas envolvidas no processo e não o processo em si. No entanto, na prática, com a automação\robotização ambos objetivos serão naturalmente alcançados. A melhoria dos processos e a eliminação de trabalhos desumanizantes.

Poluição: este parece ser, talvez, o maior problema do país no momento, uma possibilidade encontra-se em fragmentar a china. Ou seja, enviar algumas de suas indústrias poluidoras (com alguns chineses) para regiões onde o impacto da atividade destas seria pouco significativo, bem como ajudaria no desenvolvimento local, como América Latina\Central, África, Oriente Médio e países adjacentes. Bem como investir no transporte público, em detrimento do transporte individual. Todo mundo pode ter um transporte individual, o que não pode é todo mundo o utilizar com constância. Com relação ao desemprego, se este ocorrer, pode-se pensar em reduzir o número de horas de trabalho. Parece que muitas dessas medidas valeriam para a Índia também.

Cultura: é preciso tomar cuidado com essa cultura que mantêm o pacto social com base apenas no consumo e no sucesso econômico, uma vez que estes são incertos. O Brasil atual consiste num bom exemplo quando este *"sucesso"* é interrompido. É preciso estudar o porque de tantos suicídios na China, parece estarem relacionados com as mudanças culturais. Talvez resgatar um pouco do Confucionismo.

Protestos: com relação a estes 200 mil protestos anuais que ocorrem na China, tem que se fazer um estudo (se já não foi feito) para se tentar entender suas causas, seguimentar os grupos e ir tentando atender as demandas de cada um. Pode-se fazer reuniões periódicas com os representantes de cada grupo. Na China tudo parece ser grande, até mesmo os protestos.

Direitos humanos: a questão dos direitos humanos parece ser um tema sensível para o país, no entanto a medida que a China vai ganhando visibilidade internacional e os holofortes começam a se voltar para a nação seus produtos podem ser boicotados se estes aspectos não forem corretamente tratados. As pessoas tendem a ser sensíveis com o que ocorre com outras pessoas, independentemente de sua nacionalidade. Além de resultar numa propaganda negativa para a ideologia do sistema político\econômico que defendem\adotam em relação ao restante do mundo. Vale ressaltar que esta economia possui um forte componente subjetivo\emocional.

Venho percebendo que as empresas chinesas estão executando grandes obras de engenharia pelo mundo afora e isto é muito bom para o desenvolvimento dos países. No entanto, parece que estas nem sempre se atentam as questões ambientais, as condições de trabalho dos operários, bem como com os impactos nas comunidades locais. Independente de existir ou não uma legislação avançada no país, sobretudo em desenvolvimento, vale a pena se atentar a estes aspectos, tanto pelo impacto imediato sobre os povos e meio ambiente quanto para a imagem da empresa e do regime chinês. Talvez o próprio estado chinês possa criar parâmetros para a atuação dessas empresas, sendo que, em alguns casos, podem ter níveis mais elevados do que a legislação do país, sobretudo quando em estágio de desenvolvimento. Numa perspectiva de médio e longo prazo vale os custos.

Dívida pública: se não houver um controle do crescimento da dívida pública pode acontecer com a China o que ocorreu com o Brasil, perder suas empresas estatais estratégicas. Piketty, disse em uma entrevista que a dívida pública é uma piada, só não disse que se trata de uma piada de muito mau gosto. Talvez a ir reduzindo numa perspectiva de longo prazo.

Corrupção: parece que na China tal como no Brasil a corrupção trata-se de um problema sério (ao menos antes de Xi), talvez possam pensar na possibilidade de adotar uma política do tipo *"Daqui pra frente"*, do contrário podem ter que prender muita gente. Talvez se criar um programa que vise que estes (envolvidos com corrupção) reinvistam o dinheiro no país.

Renda cinzenta: uma possibilidade de se amenizar este problema encontra-se na tentativa de reduzir o número de efetivos do estado para facilitar a fiscalização e se remunerar melhor aqueles que permaneceram. Mecanismos que visão uma melhor redistribuição da renda entre as classes pode contribuir. Descontos no acesso a bens e serviços para os membros não envolvidos com negócios ilícitos e, por último, a perspectiva de punição efetiva.

Mulheres\Homens sem marido\esposa: o Alibaba ou o a rede social chinesa Weibo poderiam criar uma rede social (se já não existe uma) exclusiva para o uso das mulheres com mais de 25 anos que ainda não se casaram e, deste modo facilitar, o encontro dessas com rapazes em busca de uma companheira. Pode-se pensar em conceder algum tipo de incentivo ou premiação para aqueles casais que chegarem ao ato do matrimônio e que se conheceram por via dessa rede social.

Água: pode-se trabalhar junto com os demais BRICs, especialmente a Índia, e Israel a melhoria dos processos de dessalinização da água do mar. Pode-se criar mecanismos ou redes que utilizam a água dessalinizada para fins industriais, higiene pessoal, limpeza urbana. E se destinar a aguá doce (não dessalinizada), principalmente, para o consumo humano.

Política: uma sugestão para a liderança chinesa, mais especificamente para os comunicadores do partido, encontra-se em se criar uma série de programas\documentários que mostre o antes e o depois da China moderna e atual. As pessoas que vivem no presente tendem a não serem gratas aos feitos de seus antepassados, apenas querem mais. A poluição na China, por exemplo, é reflexo direto do desenvolvimento industrial. É preciso passar para os chineses que estes problemas existem, mas a situação já foi muito pior no passado subdesenvolvido da China, mas que serão, como outros foram, solucionados. Procure mostrar também uma China do futuro, por exemplo com menor desigualdade e menos poluída. Ou seja, de uma China que será. Em suma fazer a conexão entre o passado, o presente e de um possível futuro se todos trabalharem em conjunto.

Sugestões de medidas e políticas públicas pontuais:
para o Brasil, América Latina, Central e o mundo!

Pensem seriamente na possibilidade de se reduzir horas de trabalho para a classe operária para a alocação de mão de obra excedente, com isso se evita protestos e, realmente, os ajudam, bem como na complementação da renda via tickets de compra. Vale notar que a densidade demográfica na Mongólia é baixíssima e existe lá grande demanda para se impulsionar o desenvolvimento e a modernização. Talvez, quem sabe, comprar uma parte (ainda que pequena) do seu território e pagá-los com a construção de infraestrutura e indústrias, rapidamente a Mongólia seria modernizada. Visto que sua população é pequena o padrão de vida poderia ser elevado rapidamente. Talvez se fazer o mesmo com o Cazaquistão. Tais medidas poderia ajudar no processo de despoluição da China.

Como a liderança do país tem influência sobre o comportamento da população. Ou seja, esta ouve seus líderes. Pode-se pedir que, se a atividade econômica vier a se deprimir, que comprem mais e poupem menos. Talvez algumas dessas medidas possam ser aplicadas na Índia também. Vale ressaltar que países\regiões que possuem alta densidade demográfica precisam investir na verticalização por razões óbvias. Um exemplo, as favelas brasileiras. China e Índia compartilham problemas comuns de grave poluição (ar, solo e água), poderiam trabalhar juntas na resolução destes problemas desenvolvendo tecnologias e métodos específicos. Vale ressaltar que podem depois comercializar esta expertise e tecnologias em outras partes do mundo (mais um elemento para a indústria de alta complexidade desejada), ajudando assim a despoluir outros lugares do planeta. Por exemplo, o rio Tietê no Brasil.

Resumo: para se aumentar o consumo interno é preciso se ampliar a renda da população. Um modo de se fazer isso é através da transferência direta dos recursos do estado para as pessoas, como por exemplo o Bolsa família no Brasil. Outro modo consiste em se aumentar os salários, mas esta medida é ruim porque sobrecarrega o sistema produtivo. O problema da primeira é que o estado pode ficar descapitalizado perdendo-se recursos necessários para o investimento em projetos estratégicos. Outro problema na China é que seu cidadão tem o bom hábito de poupar, o que reduziria os efeitos da medida. A solução é fornecer tickets de compra ou acesso a produtos e\ou serviço ao invés do dinheiro (que não o básico, para que comprem o básico com seus salários), assim não tem como guardar o dinheiro, outra medida complementar é se fazer o que Piketty sugere, a transferência de recursos entre as classes com uma taxação progressiva, fazendo isso se reduz a descapitalização do estado. Uma forma de se manter os empregos em momentos de crise é reduzir as horas de trabalhos, pode-se fazer isso priorizando-se os trabalhos mais desumanizantes. Existem muitos trabalhos de natureza ruim, no entanto muito destes podem ser automatizados. Um dos problemas do nosso sistema, além da distribuição desigual da renda, encontra-se na alocação de pessoas para a execução de tarefas que são muito agressivas aos seres humanos.

Ocorre que uma boa parte destes trabalhos podem ser eliminados via automação dos processos e robótica que, independente do sistema (socialismo, capitalismo ou outro), estas tarefas precisam ser realizadas. Então porque não as delegamos para as máquinas se podemos fazê-lo? Além disso este pode ser mais um nicho para o desenvolvimento da indústria de alta complexidade que a China almeja, uma oportunidade para se reduzir o tamanho de sua população (bem como a pressão interna). O problema da poluição pode, talvez, ser atenuado com a fragmentação da estrutura produtiva na China. Precisa ter cuidado com relação a criação de novas empresas sem a demanda necessária para mantê-las, criando-se mais excedente de capacidade produtiva. Talvez, inicialmente, melhorar as que já existem, bem como valorizar mais a vida no campo.

Nota.: As análises acima tratam de um raciocínio e podem não estar corretas.

Por uma África mais feliz – Uma sugestão!

Penso que se deve aprofundar, inicialmente, o capitalismo (sociedade de mercado) na África. Pois junto com o capitalismo vem a secularização natural e a consequente evolução civilizacional. Também assim se amplia o mercado consumidor mundial para dar vazão a, aparente, capacidade de produção excedente existente. Fazê-lo de um modo sustentável, fazendo-se uso, o menos possível, de combustíveis fósseis. Por exemplo privilegiando-se o uso de transportes coletivos e bicicletas para o transporte individual. Pode-se pensar em utilizar fontes energéticas como solar e eólica e, possivelmente, a nuclear. Quanto ao sistema político cada qual que defina o seu (pessoalmente, para uma sociedade de mercado, sou simpático à Social-Democracia).

Em algumas partes da África pode-se utilizar barracas e banheiros sintéticos (talvez melhor do que habitações de barro). A epidemia histórica do vírus do HIV na região consiste num forte fator que dificulta o desenvolvimento. É preciso, talvez, adotar abordagens diferentes e, até mesmo mais drásticas. Tais como se criar bairros e\ou cidades para pessoas portadoras do vírus, estimular a união de pessoas portadoras, identificar (com uma tatuagem, por exemplo) pessoas portadoras do vírus, investir em educação preventiva, etc. São medidas um pouco agressivas, de fato, no entanto são menos danosas do que os estragos causados pela enfermidade em si.

Criação de espaços coletivos de lazer e para práticas esportivas como clubes, piscinas, campos e quadras de futebol, teatros e cinemas, restaurantes populares, etc. É preciso se atenuar os conflitos na África e se explorar o gigantesco potencial para o turismo ecológico do continente, bem como melhorar a agricultura.

Nota.: as análises acima tratam de um raciocínio e podem não estar corretas.

Por um Oriente médio mais feliz – Uma sugestão!

O mesmo da África. Aprofundar o liberalismo (sociedade de mercado). A segurança do mundo, bem como a atenuação\interrupção dos infindáveis conflitos que ocorrem nesta região só serão alcançados via um longo processo de secularização e desenvolvimento civilizacional. Pois quanto mais civilizado um povo, menos o uso da violência em relação a outro povo\semelhante tende este a recorrer.

A religião pode ser uma ferramenta positiva (se bem utilizada) para a atenuação das características animais e agressivas dos seres humanos, bem como ajudar no despertar de comportamentos altruístas, o problema maior encontra-se no fundamentalismo.

De fato existe uma dívida histórica do povo de Israel em relação ao povo Palestino, uma vez que ao se criar o estado de Israel os Palestinos já estavam lá e foram progressivamente perdendo seu território, no entanto isso não significa porém que Israel não possa existir. Afinal porque Israel não pode existir, tal como os outros povos? Porque na perspectiva do Irão, por exemplo, Israel tem que ser destruída? Apenas por uma questão ideológica\religiosa? Porque todos os povos não podem coexistir? Uma coisa é um problema que envolve os Palestinos e os Israelenses, outra é a relação de Israel com outros povos árabes. Os povos árabes e os Judeus não convivem bem dentro do próprio Irão? No caso dos Palestinos é preciso se encontrar uma solução que seja digna para os palestinos e que seja, ao mesmo tempo, digna de Israel. Ou seja, digna de um povo como os Judeus que venceram guerras históricas, conquistaram 25% dos prêmios Nobel mesmo sendo apenas 0,02% da população, criaram empresas modernas e competitivas pelo mundo, possuem uma história repleta de lutas e vitórias, construíram um paraíso no deserto. O modo como a questão palestina vem sendo tratada não é condizente com os valores da comunidade judaica pelo mundo evidenciado pelas suas obras. Não podem deixar manchar sua trajetória brilhante ao longo dos tempos fazendo com os palestinos o que a história fez como eles.

A segurança de Israel só será definitivamente obtida quando conseguir estabelecer uma relação pacífica e construtiva com os outros povos árabes (muçulmanos ou não) e não pela via das armas, a começar encontrando-se uma solução generosa e pacífica em relação ao povo palestino. O acesso à cidade de Jerusalém parece ser de grande relevância para os muçulmanos e parecendo ser o ponto central do conflito. Talvez, em algum momento, possam encontrar meios compatíveis de se ampliar o acesso à cidade pelos povos árabes com sua segurança. Ou seja, em vez de construir muros com o mundo árabe poder-se-ia construir pontes, como parece que vem fazendo com o Egito.

Poder-se-ia pensar (ao estilo Golda meir) em se criar um canal de comunicação entre os grandes líderes Kamein e Nethauru para, ao menos se tentar resolver os problemas pela via do diálogo, tal como a Nato com a Rússia.

Ainda que Israel não tenha aprovado o acordo com o Irão (devido aos seus termos) e defendessem a continuidade das sanções vale, por outro lado, considerar que, com a continuidade danos causados pelas sanções, cresceria também o antagonismo do povo do Irão em relação a Israel, ampliando-se assim a possibilidade de uma guerra. Uma vez que, depois de um determinado limiar de sofrimento, o povo poderia já não mais desejar apenas alívio, mas principalmente vingança. Adentrando num estado de irreversibilidade, como o de um pai que perde um filho vítima de violência. Além disso o sofrimento causado pelas sanções ao povo Iraniano por si só já constitui uma ocorrência que vai em desencontro a cultura construtiva e cooperativa inerente ao povo de Israel.

Essa perene relação conflituosa com os povos árabes trata-se de um fator de extremo perigo no que compete a existência de Israel. Os problemas com os palestinos têm proporcionado uma justificativa para que outros povos se voltem contra Israel. Ou seja, tem legitimado as animosidades contra Israel. Daí a importância de se resolver, de modo justo, a questão com os palestinos. Do ponto de vista prático vem manchando a percepção que o mundo tem de Israel, bem como de sua história. Certamente esta percepção negativa acaba por impactar na relação de Israel com outros países, inclusive do ponto de vista das trocas comerciais. Além do que deixa de ganhar com o turismo devido a este estado permanente de tensão que inibe as pessoas de visitarem o país. Não preciso mencionar aqui as mortes dos próprios israelenses, as discussões e mal estar internos sobre como essa questão precisa ser tratada, além do constante estado de tensão destes. Como também a necessidade de se investir boa parte da arrecadação federal em defesa. Quem sabe, num cenário de paz, não se promova o comércio entre essas nações que seja bom para ambos os lados.

Sejamos sinceros se, por ventura, o Irão conseguir meios

Sugestões de medidas e políticas públicas pontuais:
para o Brasil, América Latina, Central e o mundo!

de destruir Israel e de fato o fizer o que acontecerá com o Irão depois? Certamente será destruído também, seja por Israel com suas armas poderosas ou pela Nato. Por outro lado se Israel atacar o Irão pode estar a desencadear a terceira guerra mundial. Para um lado ou para outro o único caminho, realmente aceitável, é o da paz duradoura. Afinal, porque não podem coexistir em paz? que benefícios seus povos obterão com uma guerra?

O Irão trata-se de um país rico em petróleo e gás, o que já pode lhe conferir uma boa receita. Recentemente vem estabelecendo parcerias importantes com a Rússia e a China. O que, inevitavelmente, levará ao seu fortalecimento econômico e, cada vez mais, militar (acabaram de fechar um contrato bilionário com a Rússia). Será que, na perspectiva de Israel, não seria mais seguro tentar estabelecer uma relação pacífica e harmônica com o Irão agora e de longo prazo visando sua própria segurança futura?

Um Israelense\Judeu brasileiro construiu sua tese de mestrado com base neste tema. Ele apresenta pontos de vistas interessantes, começa dizendo que atacar Israel apenas traz mais sofrimento para os palestinos, seja com perda de território, seja com a própria resposta militar. No final de sua tese propõe a remoção dos palestinos daquele território e a criação de um estado palestino em outro local. Independente de se, justo ou injusto, o fato é que os Judeus, ao que parece, não sairão dali e a coexistência pacífica entre estes dois povos naquela região parece ser impossível. Talvez não seja uma solução ruim se criar um estado palestino, digno e moderno, numa outra região e, em contrapartida, o povo Judeu os recompensar

120

economicamente. Afinal estes não são ricos? Se, obviamente, o povo palestino concordar e se encontrar este *"outro lugar melhor"*. Dois estados naquela mesma região de tamanho tão pequeno e com um histórico de relações tão conflituosas entre eles dificilmente funcionará, uma vez que o crescimento populacional de ambos tenderá a aumentar muito a densidade demográfica, podendo inviabilizar a manutenção de ambos os estados no médio e longo prazo. Pensemos mais no médio\logo prazo. O que ocorrerá quando a população de ambos os estados crescerem? Um território tão pequeno é sustentável para um estado? Talvez um único estado mais secularizado poderia funcionar. Mas será que dois funcionaria? Ainda que a princípio não pareça ser justo tal solução, na prática poderia ser bem melhor para o povo palestino pois poderiam viver em paz, sem perspectiva de guerras, com um vizinho indesejoso e poderoso. Além disso este conflito histórico parece poder, em algum momento, despoletar a terceira guerra mundial. Uma parte do que hoje Israel gasta em defesa poderia ser aplicada na construção da palestina. Além da concordância de ambos resta saber onde encontrar este *"outro lugar melhor."* A melhor solução pode não ser a mais justa. Por exemplo a terceira guerra mundial, pode ser justo travá-la, mas certamente não é a melhor solução para os problemas. Por que não um outro lugar melhor para os israelenses? Porque o povo Judeu *"nunca"* sairá dali, ao menos não vivos. É um fato. Se decidirem criar um só estado que incorpora os palestinos e os israelenses essas populações teriam que ser mescladas. Ou seja, a população palestina teria que ser fragmentada intra a população israelense do contrário cria-se dois estados informais. Porque não ao contrário? Devido a infraestrutura já construída em Israel.

Com isso, com o tempo e naturalmente, esta população vai se mesclando. Vale repetir, dois estados separados ali, formal ou informal, não funcionaria (acredito) devido a diversos fatores como o tamanho da região, a densidade\crescimento demográfico sobretudo futura, as diferenças socioeconômicas e culturais que culminará em rivalidades, entre outros. Neste caso (o da integração) Israel teria que se perceber não como um estado Judeu (regido com esta única religião), mas secular como o Brasil e os Estados Unidos, onde diferentes religiões convivem harmonicamente entre si. Neste caso específico podemos ser exemplo. Uma parte da população palestina que encontra-se em outros estados árabes deveriam permanecer lá (nesta proposta de integração) devido as limitações estruturais. Talvez receberem algum tipo de indenização. E, se forem para a região, o fazerem de modo gradativo.

Venho tentando compreender as condições do povo Curdo e, ao que percebi, trata-se de um povo que encontra-se em extrema condição de sofrimento já a muito tempo. Os E.U.A e a Rússia, bem como os outros países do Oriente Médio envolvidos na questão poderiam se esforçar para se chegar a uma solução definitiva para os problemas desta população.

Israel poderia fazer uso de suas capacidades tecnocientíficas como a irrigação por gotejamento para gerar abundância alimentar no Oriente Médio, pois quanto melhor os povos árabes viverem bem em suas terras, melhor para Israel. Trata-se de uma oportunidade de estabelecer uma relação de benefício mútuo com esses povos, bem como melhorar a imagem do país na região. Pode-se aproveitar melhor da energia solar nessa região. Criar universidades e hospitais em terras árabes com profissionais árabes formados em Israel. Ajudar o povo iraquiano a retirar as minas terrestres que encontram em seu território. Pensar num longo prazo. Não será de um dia para o outro a mudança de percepção dos povos árabes em relação aos israelenses. Essa população vem vivendo num estado de guerras e tensão a muitos anos, é preciso proporcionar a estas algum conforto e bem-estar. O mesmo vale para a população africana. Não estou dizendo que Israel deva ser uma instituição de caridade ou que não deva defender seus interesses, mas estabelecer com essas populações uma relação de benefício mútuo, bem como se tentar resolver de um modo ou de outro os problemas com os palestinos para se evitar contradições. A questão da palestina tende a descolorir o trabalho que a comunidade Israelita realizou\realiza ao longo dos tempos e em várias partes do mundo. Também dá margem para a volta do antissemitismo, seja no mundo árabe, seja em outras partes. Ou seja, por fim ressalta-se apenas o que (alguns *"membros"*) da comunidade Judaica\Israelita fez de ruim e se apaga tudo o que fez de bom ao longo dos tempos e em diferentes partes do planeta. Isto tende a prejudicar os judeus que vivem em outros lugares fora de Israel.

O sionismo, no meu entendimento, trata-se de um movimento legítimo no sentido que o povo judeu desejou se reunir novamente com o seu povo em um país. Como ocorre hoje com o povo curdo. Este movimento ou reunião poderia ter sido realizado em qualquer lugar, seja na África, nas Américas, no Oriente Médio ou em Marte. O problema reside na relação com os palestinos que, com legitimidade ou não, já estavam naquela área. Ou seja, eles não têm culpa do que ocorreu com o povo judeu, uma vez que também são vítimas. Então é preciso encontrar uma solução que atenda a ambos os lados. Os palestinos são pessoas e, o que quer que aconteça a outras pessoas, independente das diferenças (culturais, socioeconômicas, físicas) tende a gerar comoção e mal-estar. Pois nenhuma pessoa civilizada (sobretudo fora do exército, pois não estão preparados), em condições normais de saúde mental, se sente bem em presenciar o sofrimento alheio, ainda mais infringir sofrimento aos outros (mesmo estando certo). Talvez este seja um dos fatores que tem levado ao suicídio alguns membros do exército. Talvez se tivessem continuado, no início da ocupação judaica na região, a comprar terras dos palestinos para que se mudassem e fossem incorporando uma parte do povo palestino, tivessem evitado todos esses problemas. Israel, neste momento, seria talvez um país menos desenvolvido, mas com menos problemas com seus vizinhos. É preciso diferenciar o sionismo (movimento que resulta na criação do estado judeu), do sionismo internacional, que consiste na cooperação entre o povo o judeu no âmbito do comércio\negócios, ainda que exista relações. o sionismo internacional é reflexo ou resultante do sistema capitalista que se baseia, por sua vez, no mecanismo de compra\venda. A dominação (se é que verdadeira, pois a maioria dos judeus são pobres) judaica\israelense no âmbito dos negócios\comércio é apenas o incrível, e quase inacreditável, resultado de um processo da competição do mercado. Na verdade não existe o sionismo internacional e sim capitalismo internacional, composto por membros de diferentes etnias, regiões e países, inclusive "judeus". Entre aspas porque esta oligarquia não pratica o judaísmo enquanto religião. Pois como pode um povo tão pequeno alcançar resultados (independente do julgamento se bom ou ruim) tão grandiosos no difícil e penoso processo de acumulação capitalista, se é verdade o que dizem. Sinceramente as coisas não são bem assim. Mas se não fosse os judeus dominantes seriam os ingleses (já foram), os japoneses (já foram bem relevantes), os alemães, os chineses. Porque o mercado se baseia na competição e que se alterna ao longo do tempo os agentes que possui maior ou menor relevância neste processo. Enquanto nossa economia for baseada no mercado os agentes que o dominam irão se alternar ao longo do tempo com menos ou mais relevância, e moldarão o mundo de um modo ou de outro. Para pior ou para melhor.

Vale dizer novamente que esta relação perene de conflitos com os árabes com ênfase aos palestinos vai minando Israel por dentro. Por diversos fatores como a ocorrência de dissidências internas e externas (dentro da própria comunidade judaico-cristã), descaracterização do estado de Israel como um estado judeu no sentido religioso do termo, pois o obriga a se militarizar cada vez mais, o que vai em desencontro da postura pacífica e construtiva do povo judeu. Ou seja, contraria a própria cultura do povo. O exército passa absorver cada vez mais pessoas e recursos onerando o estado, por extensão a economia e a população. O estado perde apoio de alguns membros da comunidade judaica fora de Israel. Por não ter recursos naturais e depender da alta qualificação tecnocientífica de seu povo para sobreviver, tende a formar uma população mais educada e sensível, que em nada se identifica com essa realidade de *"guerras sem fim"*.

No mundo Árabe, ainda por um bom tempo, Israel será percebida como um corpo estranho por diversos fatores como, diferenças culturais, religiosas, o desenvolvimento assimétrico do país em relação as outras nações árabes, o conflito com os palestinos, a proximidade com os americanos (não muito bem quistos na região). O discurso de união contra Israel ou de antagonismo a Israel parece ser muito valorizado para a obtenção\manutenção do poder em algumas nações árabes. Daí a necessidade de mudança de percepção da imagem do país para a população e não apenas dos governantes. Deste modo este discurso perde força e os árabes podem se concentrar no enfrentamento de seus difíceis problemas reais decorrentes do estado de subdesenvolvimento.

Recomendo a Israel que mantenha sua parceria forte com os E.U.A, mas também (como já vem fazendo) mantenha boas relações com a Rússia. O fato desta vender armas para os *"inimigos de Israel"* não significa que a nação Rússia seja contra Israel. O povo judeu, ruim ou bom, foi acolhido\recebido por diversas nações do mundo quando de sua diáspora, inclusive na Rússia. Então não faz sentido que sejam inimigos de alguém. Enquanto povo religioso Israel não podem ser inimigos de ninguém, ainda que algumas pessoas\nações se posicionem contra o estado de Israel e este se vê obrigado a trabalhar em suas defesas devido as circunstâncias. A Rússia, por sua vez, pode ajudar significativamente na solução do problema árabe\israelense.

Tenho a impressão que os estadistas israelenses intencione que uma parte do povo judeu que ainda vivem fora de Israel migrem para lá. Talvez uma boa ideia seja a criação de mais de um estado judeu em locais diferentes e dispersos. Por exemplo, talvez possam comprar um pequeno território dos Russos ou da União Euro-asiática e se criar um estado judeu naquela região. Se de interesse dos Russos e do povo judeu que naquela região vive, é claro. Este, por sua vez, fazer parte da Federação Russa e\ou União Euro-asiática. E\ou na África, no próprio Oriente Médio. Ou seja, em invés de se criar um único estado judeu, se criar mais de um fragmentado.

O estado de Israel, mais do que qualquer ou outro estado, precisa possuir patrimônio\bens por diversos fatores. Vejamos alguns deles. Israel não possui recursos naturais e, por mais que seu povo seja habilidoso, a competição no mercado é muito grande e só tende a aumentar. Devido aos problemas com palestinos e com outros povos árabes a imagem internacional do estado de Israel, sobretudo entre a classe política (independente se direita ou esquerda) acaba por ser duramente prejudicada, o que pode bloquear negócios importantes. Por mais que Israel tente se reconciliar com os outros povos\países árabes ainda por longo o conflito árabe\israelenses permanecerá. Será preciso de um longo tempo para que estes estados que os circunda se secularizem e que as feridas destes conflitos possam cicatrizar. É trabalho de longo tempo. A defesa de Israel depende em parte da economia americana e esta, por sua vez, não anda muito bem. A economia americana é dependente do dólar e este, como sabemos, não durará muito tempo como moeda de reserva internacional.

O estado de Israel parece desejar integrar\fazer parte das forças da Otan. Penso que precisa refletir bem antes de tomar esta decisão. Porque ao fazer isso automaticamente se coloca numa posição antagônica a OCX. Caso Israel entre em conflito com um país árabe como o Irão, integrando a aliança, tal conflito pode estender rapidamente para uma guerra de proporções maiores devido as cláusulas do tratado. Ao entrar para a Aliança tenderá a ocorrer um processo natural de integração do estado palestino a OCX para contrapor o poder de Israel na região. Existem milhões de judeus que vivem na Rússia e a adesão de Israel a Aliança pode afetar a vida destes. Rússia e China podem atuar como intermediadores de conflitos na região e os atenuar, uma vez que existe um antiamericanismo grande na região em alguns países. Exemplo foi a declaração do clérigo iraquiano recentemente acerca da presença dos sodados americanos no país. Ou seja, antes de tomar esta decisão faz necessário refletir um pouco mais. É preciso se levar o desenvolvimento, a paz e a prosperidade para o Oriente Médio. Essas populações já sofreram demais com a violência, ignorância e guerras!

Nota.: as análises acima tratam de um raciocínio podem não estar corretas.

Por um E.U.A mais feliz – Uma sugestão!

Tenho a impressão de que uma boa parte dos problemas dos E.U.A esteja relacionado com este difícil e custoso papel de polícia e de gestor do mundo. Gerir uma simples padaria já é difícil e trabalhoso, imagina o mundo todo. Resta saber se isso vem lhe trazendo, realmente, mais benefícios do que malefícios. Sem contar o enorme custo estatal. O discurso de Obama, em Berlim, parece reconhecer isso. Sua política externa, às vezes um pouco agressiva na perspectiva de outras nações, tende a gerar (a médio e longo prazo) um antiamericanismo perigoso tanto para sua segurança física quanto para suas relações comerciais futuras. Com relação aos países emergentes, mais especificamente a China e a União EuroAsiática, bem como as novas estruturas econômicas que vêm sendo formatadas, penso que os EUA e Europa precisam encontrar meios de acomodá-las com naturalidade (sem guerras, sobretudo nuclear, com já fez o FMI com o Yuan), bem como se adaptar a essa nova realidade. Se entendi bem (em uma de suas entrevistas) este parece ser o ponto de vista de Kinssinger. Afinal, como Obama admiti, um mundo multipolar já não é mais uma escolha, é uma realidade. É compreensível que os E.U.A venha a sentir incomodado com o rápido crescimento chinês, pois esta se apresenta como um concorrente direto aos interesses dos E.U.A, no entanto não se pode dizer o mesmo em relação a Rússia. Os interesses de ambos os países podem ser compatibilizados sem maiores traumas como aponta Kinssinger. Não estou dizendo aqui, que o mesmo (conciliação de interesses) não possa ocorrer com a China de modo harmônico também.

Uma possível geopolítica correta para as Américas

Sugestões de medidas e políticas públicas pontuais:
para o Brasil, América Latina, Central e o mundo!

(Norte, Central e Sul) encontra-se na construção de uma Grande América (Grande Canadá) e não de uma América pequena, onde o desenvolvimento fica centralizado apenas nos E.U.A e Canadá. Isto não é bom para os E.U.A. Pois ocorrendo o desenvolvimento de outras partes da América o fluxo migratório para os E.U.A tende a ser interrompido, podendo até ocorrer o caminho inverso. O candidato republicano Trump fala na remoção de 10 milhões de Latino Americanos que estão nos E.U.A de modo ilegal. Com o desenvolvimento de todo o continente Americano isso tende a ocorrer de modo natural. Pode-se pensar em 50 ou 100 milhões de americanos a menos se necessário com a implantação destas medidas, pensando em mais longo prazo. Ou seja, pode-se ampliar o trânsito entre as pessoas e dinamizar as relações comerciais. Quanto maior a prosperidade no continente melhor para os Estados Unidos, pois assim se amplia o turismo, o comércio, a utilização de suas universidades de alto nível. Do contrário como as trocas comerciais ocorrerão? Havendo problemas com a economia Americana, os próprios cidadãos americanos podem migrar para outras partes da América. Porque não? Não são estes, em sua maioria, de origem Latino Americana? Não é este o espírito do liberalismo e da globalização que os E.U.A defendem? Então porque esse ultranacionalismo americano? Outra medida importante encontra-se numa melhor distribuição de renda entre as classes como sugere Piketty, deste modo a renda fica melhor distribuída e possibilita com que as pessoas possam comprar e movimentar o mercado interno. Se os recursos ficarem concentrados integralmente nas mãos de poucas pessoas a relação de compra e venda fenece, por razões óbvias. Os E.U.A precisam abandonar essa relação predatória e unilateral, visando ganhos imediatos, com os outros países da América Latina e Central e estabelecer parcerias de benefício mútuo de médio e longo prazo, como vem fazendo os chineses. Não estou dizendo que os E.U.A devam se tornar uma instituição de caridade ou mesmo fazer coisas em seu prejuízo, mas estabelecer relações construtivas de benefício mútuo de médio e longo prazo. Bem como abandonar esta visão distorcida de superioridade em relação aos outros povos apenas porque se desenvolveu mais. Precisa aproveitar suas vantagens competitivas presentes para continuar a trabalhar no seu próprio desenvolvimento, sem ilusões e excepcionalismo, para assim poder continuar a oferecer produtos e serviços que agregam valor as pessoas e ao planeta, além de armas e guerras. Pois do contrário, com uma política unilateral e bélica, pode vir a causar seu próprio isolamento no continente, se não no mundo do ponto de vista comercial. Trata-se de um fato. Pior, tende a despertar em outros povos a mesma postura que passa a se dirigir contra os E.U.A, até por proteção, colocando realmente assim sua segurança em risco.

Qual a razão da adoção de uma política para o desenvolvimento mais simétrico em todo continente? As razões são muitas, mas podemos começar pela segurança, pois com um desenvolvimento mais simétrico das nações, menores as chances de se ocorrer conflitos. O segundo motivo encontra-se no fato de que ao manter essas nações na condição de exportadores de matérias-primas logo os tão valiosos e cada vez mais escassos recursos naturais irão se esgotar. Já com a mescla entre criação\comercialização de produtos com maior valor agregado e commodities, os recursos naturais terão maior longevidade. Pode-se reduzir a taxa de natalidade (de modo consensual) nas famílias em condição de fragilidade social. Pode-se criar uma espécie de união americana como fizeram a união europeia, a incipiente Euro-asiática, A Estrada da Seda de Xi, mas praticamente autossuficiente. Ou seja, cria-se uma América autossuficiente. Procura-se reduzir as desigualdades intra sociedades como sugere Pikety. Vale notar que, desenvolvendo as outras partes da América, fazendo daqui uma espécie de Europa americana, com empresas e indústrias de altíssimo nível, nacionais ou não, os cidadãos europeus podem migrar para cá quando os níveis de desemprego lá estiverem altos. Bem como americanos. Porque não? Imagine a construção de uma linha ferroviária (transporte de carga) e de trens de alta velocidade que atravesse todo o continente, da extremidade norte do Canadá ao Sul do Chile\Argentina, servindo como uma espécie de espinha dorsal de uma rede ferroviária intra-nações. Imagine portos sendo construídos em todos países do continente do lado Atlântico e do Pacífico do oceano. Imagine uma rede de hotelaria\bares\restaurantes\clubes e parques de altíssimo nível dispersos em todo continente. Imagine um sistema de saúde público e privado de altíssimo nível. Imagine uma rede de universidades público\privado do nível do MIT\Havard\Cornell\Stanford dispersas em todo continente. Ou algumas filiais dessas mesmas universidades. Imagine se pudéssemos chegar nos níveis europeus de criminalidade e violência urbana no continente. Imagine empresas e empregos de qualidade sendo criados ao longo de todo continente. Outro ponto importante é que, na prática, quem realmente possui riquezas reais somos nós ainda que nossas riquezas estejam sendo subvalorizadas e subutilizadas, ao menos por enquanto. Os EUA precisam abandonar esta mentalidade imperialista e aderir ao liberalismo econômico que visa o benefício mútuo e o desenvolvimento pleno das nações e das pessoas. Consumir menos (voltar sua economia para a exportação), principalmente energia, tralhar nos seus problemas internos, desenvolver novas tecnologias (para a indústria médica, reciclagem, novas fontes de energia e não apenas armas).

O senador Jonh Machin e o diplomata Kinssinger se apresentam como protetores do liberalismo econômico, por outro lado, combatentes do comunismo. Não seria o combate a pobreza e ao subdesenvolvimento, bem como a geração de prosperidade nas Américas (não só nos E.U.A e Canadá) o melhor modo de se combater o comunismo? Kinssinger disse uma vez que não queria um Japão na América do Sul, eu digo o contrário, faça da América do Sul\Central um grande Japão é nunca mais precisará se preocupar com *"o espectro do comunismo rondando a América Latina"*. A maior segurança dos E.U.A encontra-se na prosperidade de seus vizinhos, não é toa que os ricos não querem ter vizinhos pobres. É preciso desconstruir esta *arquitetura do subdesenvolvimento,* como aponta o economista e historiador americano Michael Hudson, que emoldura as outras nações no continente americano que, em última instância, acaba por trazer prejuízos para a economia real dos E.U.A, porque engessa as trocas comerciais, ainda que alguns grupos específicos se beneficiem temporariamente, pois no fim acaba por colocar a nação na *zona de conforto,* interrompendo seu processo de desenvolvimento pleno, bem como a faz direcionar seus esforços e energia para a promoção de coisas negativas, gerando pobreza e subdesenvolvimento em seu entorno e que, por extensão, afeta os E.UA. Pois acaba por reduzir o fluxo comercial na região e passa a receber imigrantes latinos de modo desordenado. O desenvolvimento integral e moderado do continente é bom para os E.U.A pois se amplia o mercado. Imagine se hoje o tamanho da população americana fosse de 100 milhões de pessoas a menos, mas focada no desenvolvimento de produtos de alta complexidade e estas mesmas 100 milhões estivessem trabalhando para o desenvolvimento de infraestrutura em outras partes do continente? Não seria melhor? Uma parcela significa da população americana não é de origem latina ou latino-americana? Sendo assim ao trabalhar para o desenvolvimento do continente não está a trabalhar em prol do benefício de seu próprio povo? O que fundamentalmente desejamos, no entendimento do autor e neste momento histórico, aqui para a América Latina e Central é apenas construir um *Capitalismo Justo.* Nossas reivindicações não são justas? A de um capitalismo *sem dois pesos e duas medidas.* Que em suma significa possuir algumas empresas que sirvam de orgulho nacional como no Japão, na Coreia do Sul, na Alemanha, nos E.U.A, bem como elevar a qualidade de vida da população. Não queremos passar o resto dos nossos dias exportando bananas. Aqui também queremos ser coxinhas. Só desejamos participar, de uma maneira mais digna, deste "exitoso" sistema.

Os estados nacionais, bem como os povos, possuem uma memória histórica que permanece por muito tempo, seja negativa seja positiva. Um exemplo encontra-se na guerra Sino-japonesa episódio recordado no desfile militar chinês. Vejamos o caso da United Fruit Company na Guatemala que

134

hoje sempre é recordado com nitidez na América Latina. Tais políticas tendem a bloquear negócios futuros muito mais importantes com toda a região. Além disso os E.U.A acaba por ser posto como bode expiatório para todos os problemas do mundo e não somente aqueles que se relaciona com o país. Ou seja, os E.U.A acaba por ser responsabilizado pelo subdesenvolvimento do mundo e do país devido a uma intervenção pontual. Lembrando-se apenas o que fez de ruim e esquecendo-se o que fez de bom. Vale notar que o subdesenvolvimento trata-se de uma característica natural e o desenvolvimento civilizacional resultado de um esforço em direção a evolução. Uma nação externa pode contribuir ou retardar o esforço de desenvolvimento, mas não pode ser culpada pelo subdesenvolvimento por este se tratar de uma característica natural.

Existe ainda um estado de subdesenvolvimento grande no mundo, sobretudo em regiões como América Latina, África, partes da Ásia, Oriente Médio e outros. As pessoas e populações estão sofrendo com este estado de subdesenvolvimento. Por outro lado parece existir uma capacidade produtiva ociosa no mundo, sobretudo com o crescimento chinês. Logo, estas novas estruturas como a União econômica Euro-asiática, a Rota da Seda e outros, pode ser uma oportunidade para se ampliar os mercados e dar vazão a esta aparente capacidade produtiva excedente, os E.U.A pode se beneficiar com isso, porque não?

Apesar de toda as críticas que hoje recaem sobre os E.U.A (ainda que algumas corretas) é inegável que esta nação já deu significativas contribuições ao mundo. Seja no desenvolvendo de ciência e tecnologia, seja inspirando e levando o liberalismo econômico a outros povos e nações e, com isso, gerando-se prosperidade e riqueza (o desenvolvimento da China de hoje deve-se não ao socialismo, mas ao liberalismo econômico, ainda que o partido tenha orquestrado o processo). Também no campo dos direitos humanos (ainda que nem sempre coerente) e na política, criando instituições de referência como Harvard, bem como intenso material que se difundiu pelo mundo. Empresas de ponta como Google, Microsoft, Apple, IBM e outras que, apesar dos problemas, fazem muitas coisas positivas. Inspirou muitas vezes o mundo com sua indústria cinematográfica. Fez intervenções em outros países pela via militar\política incorretas, mas também corretas, como foi o caso das guerras mundiais.

Uma observação importante consiste no fato de que ficará cada vez mais difícil para os E.U.A manter sua posição de supremacia e dominância no mundo, isto por diversos fatores. A começar pela ascensão econômica e militar de outras nações, com destaque para a China e Rússia. Problemas com sua moeda, sistema financeiro instável, dívida pública alta, onerosa estrutura estatal (com destaque para as forças militares), concorrentes externos de peso como Japão e Alemanha. Vale notar que em muitos aspectos a China e a Índia não demoraram a superar os E.U.A, como tamanho do PIB e talvez até militar. A razão disso é obvia, juntas comportam quase metade da população humana e, trabalhando de modo coordenado, possuem uma capacidade produtiva muito maior. Os E.U.A pode se extenuar e exaurir suas capacidades para manter sua posição de dominância no mundo, enquanto, por outro lado, poderiam voltar seu foco e energia para o interior e trabalhar em seus problemas internos e no alto aperfeiçoamento, melhorando assim a qualidade de vida da sua população e a competitividade de suas indústrias, bem como trabalhar para o desenvolvimento de outras partes do continente. Estar ou não numa posição de liderança não deve afetar a percepção de si mesmo. Mais importante do que ser líder disso ou daquilo é oferecer uma boa condição de vida a população. Um bom modelo econômico e social encontra-se no da Alemanha, onde se produz produtos e serviços de alto valor agregado com uma economia voltada, em parte, para a exportação. Uma boa parcela do que hoje os E.U.A importa pode ser produzido no país e\ou no continente. Numa entrevista o investidor George Soros diz que os E.U.A não poderão mais atuarem como o motor da economia global pela via do consumo neste novo cenário econômico que se projeta, sobretudo devido ao enfraquecimento do dólar, e que este papel poderia ser assumido pela China. Na verdade, este papel, o de consumidor\produtor pode ser assumido por todos países. É razoável que países com populações tão grandes como Índia e China tenham um PIB maior e consumam mais.

Com todos estes problemas que envolvem o meio ambiente faz-se cada vez mais necessário trabalhar para sua preservação. O melhor modo de fazer isso é pela via do desenvolvimento civilizacional. Confinar uma região tão rica em recursos naturais e biodiversidades como a América Latina e Central a exportação de commodities trata-se de um crime contra a natureza e a humanidade. É preciso que, ao inverso, desenvolva-se aqui empresas de ponta para se reduzir a dependência da exportação de commodities e, com isso, preservar esta rica biodiversidade, especialmente a floresta Amazônica, para as futuras gerações. Mais do que uma necessidade, trata-se de um dever. A Europa e o Japão provaram que o melhor modo de conter o crescimento populacional é pela via do desenvolvimento, pois a população nestes países decrescem. O futuro da espécie humana depende disto.

Os E.U.A precisa trabalhar para manter sua economia real fortalecida e competitiva, ou seja, suas empresas. Como as siderúrgicas, empresas de tecnologia, agricultura, etc. Porque no fim é esta estrutura que sustenta a nação. Talvez promover um processo de fusão de algumas dessas empresas, construir novas usinas para aumentar a oferta de energia. Trabalhar para reduzir o tamanho\custo do estado, a começar compartilhando de um modo mais equilibrado os custos da máquina militar com seus parceiros na Europa e Ásia. Estabelecer e adotar políticas construtivas com os outros países no continente trabalhando para o desenvolvimento destes e obtendo vantagens com este processo. Pode, por exemplo, criar um sistema de gasoduto e oleoduto ao longo de todo continente para, por exemplo, reduzir os custos com transporte destas commodities. Pode-se ampliar a atividade agrícola ao longo de todo continente, barateando os custos dos alimentos (inclusive os impostos) e acesso das pessoas mais fácil a estes. Criar sistemas para a criação de peixes (apicultura) ao longo das margens dos dois oceanos. Aproveitar de suas boas universidades e focar na produção de mais alto valor agregado e, com isso, transferir cadeias de produção de menor complexidade para os outros países do continente. Por exemplo, em vez de focar na construção de uma obra focar na venda de equipamentos e na elaboração dos projetos que uma obra de engenharia exige, uma vez que a área construída dos E.U.A já é grande e possui menos demanda interna para novas construções, mas o tem para a manutenção. Logo deve focar em desenvolver técnicas, produtos e serviços para dar manutenção mais facilmente na estrutura já construída. Imagine uma frota de barcos e\ou navios com acesso a baixo custo e uma rede de hotéis e restaurantes ao longo de toda a costa continental perpassando os dois oceanos. Esta região tem um potencial enorme para o turismo, sobretudo devido as questões geográficas\climáticas. Pode melhorar o ensino básico e possibilitar que mais americanos tenham acesso ao ensino universitário e aos programas de doutorado, em vez de absorver estrangeiros que acabam, uma parte, permanecendo no país. Modificar o que o professor Michio Kaku defende como uma solução alternativa, em decorrência do continuado processo de bestialização mundial da população, inclusive americana, e da educação de base deficiente (https://www.youtube.com/watch?v=NK0Y9j_CggM).

Será mesmo que toda essa atividade e orientação para o consumo tem feito realmente bem para a sociedade e população americana ainda que, a princípio, possa gerar prazer. Os dados falam por si só, maior população carcerária do mundo, altos índices de obesidade, consumo de drogas (lícita e ilícita), morte por armas de fogo, resolução de conflitos por vias judiciais, alta produção de materiais pornográficos, prostituição, complexo industrial militar gigantesco, envolvimento em guerras. Apesar da opulência milhares de pessoas não têm acesso a um plano de saúde e quase 50 milhões de pessoas vivem ainda na pobreza ou na miséria e muitas outras próximas dessa condição. Claro que fizeram e fazem muitas coisas boas e, aqui no Brasil, estamos bem piores do que nos E.U.A, não sendo a sociedade brasileira um bom modelo para ninguém. Mas

Sugestões de medidas e políticas públicas pontuais:
para o Brasil, América Latina, Central e o mundo!

será que não poderia ser melhor tanto lá como cá? Será mesmo? Imaginemos que, num certo momento, os E.U.A tivesse optado por uma política ou geopolítica mais construtiva que visasse o desenvolvimento de regiões menos desenvolvidas. Hoje ter-se-ia um mercado consumidor bem maior, não existiria antiamericanismo no mundo, a energia gasta para a contenção de A ou B teria sido destinada ao desenvolvimento de novas indústrias de ponta, bem como novas fontes de energia mais sustentáveis, as nações que dependem do petróleo para viver hoje teriam sua economia diversificada e, a menor utilização deste combustível, não impactaria tanto em suas economias, o investimento na indústria armamentista teria sido destinado para outros fins, inclusive em outras nações, os riscos de uma guerra, sobretudo nuclear, seriam mínimos, o Oriente Médio teria hoje um formato diferente (mais secularizado e desenvolvido), muitas vidas teriam sido preservadas e\ou mortes evitadas. Se. Mas e agora? Como pretendem alimentar este gigantesco complexo industrial militar? E o dos Europeus, Russos, Chineses, Indianos, Japoneses, Coreanos..? E a manutenção de toda essa estrutura militar (exércitos, agências de inteligência, burocratas, técnicos, cientistas, bases militares, fábricas, equipamentos, programas espaciais, programas de segurança, programas de modernização, programas de manutenção, programas...)? Pois com toda essa estrutura militar, em algum momento estas nações precisarão se perguntar, se desejam ser um país ou máquinas guerras. E até quando este frágil sistema suportará manter estruturas militares desta magnitude? Isso é realmente sustentável? Sobre quem estes materiais serão utilizados? Qual será o futuro disso? Que mentalidade estar

140

a nos levar a tamanha militarização no mundo?

Vale cogitar a possibilidade de distribuir parte do deste gigantesco complexo industrial militar ao longo de todo o continente (para o empresário\investidor tanto faz onde se é produzido) e ir, aos poucos, pensando-se no médio e longo prazo, reduzindo-se a dependência da economia do país deste criando-se indústrias\negócios substitutivos. Com um exército menor, sobretudo de quadros menos qualificados, pode-se remunerar melhor seus componentes.

A intenção aqui não é o de duplicar o complexo industrial militar, mas de fragmentá-lo em diferentes nações no continente, obviamente suas partes menos essenciais e\ou sensíveis. Os E.U.A importaria, sem taxas, esses itens das outras nações que os estão produzindo. As outras nações do continente poderiam dar preferência na aquisição destes itens produzidos fora dos E.U.A, mas no continente, de modo a compensar os investidores e o esforço. Essas fábricas poderiam ser americanas, contanto que sejam instaladas fisicamente em outras nações do continente, talvez uma parte na Europa, sem duplicações nos E.U.A.

Os E.U.A precisa trabalhar para conter o desenvolvimento\crescimento do complexo industrial militar de alguns parceiros na Ásia, mais especificamente na Coreia do Sul e no Japão, para não colocar mais pressão sobre o complexo industrial militar norte-americano já existente e pressionado. O mesmo vale na Turquia e com outros membros da Aliança que não possuem tradição no segmento (como França, Inglaterra...). O Japão tem um histórico no setor, mas precisa fazer concessões e dar contribuições e não apenas aproveitar do lado bom da Aliança. Já que fazem parte da Aliança porque não contribuem mais e terceirizam parte de sua defesa. Porque se todos os membros da Aliança forem desenvolver uma indústria própria então para que a Aliança? Porque os E.U.A tem que arcar com 75% das despesas? Que Aliança é essa? Rússia e China também desenvolveram um grande complexo industrial militar. Para dar vazão a este precisam fazer o mesmo que o proposto aqui para os E.U.A, por exemplo com o Irão e outros membros ou potenciais parceiros da OCX. Aqui na América Latina e no Caribe não gostaria que novos complexos industriais militares fossem desenvolvidos para não jogar mais pressão sobre os já existentes. Tal ocorrência maximiza a possibilidade de se fazer guerras, agora cada vez mais catastróficas.

Os demais itens para a composição da nossa estratégia de defesa poderiam ser obtidos como na descrição no tópico 8 – Defesa – Uma Sugestão. Dentro desta estratégia os Russos e Chineses poderiam obter benefícios também. Uma vez que já há algum tempo vêm estabelecendo uma relação construtiva (de benefício mútuo) e não predatória com os países da região.

A todo momento surge nos E.U.A notícias referentes ao desenvolvimento de um novo tipo de arma ou eventos relacionados a armas. Arma disso, arma daquilo, acidentes com armas, atentados com armas, legalização\proibição de armas, armas nas escolas, nos cinemas, nos shoppings, incursões armadas, recrutamento em massa para as forças armadas, filmes e jogos que explodem um monte de coisas e matam um monte de gente, heróis de guerra como o rambo, snnipers perigosismos, vírus e robôs como armas de guerra, armas químicas e biológicas, armas com lasers de alta potência, armas nucleares ou de destruição em massa, armas climáticas. Programas de todos os tipos patrocinados pelas formas armadas, agências de inteligência, espionagem e segurança de todos tipos. Chegou-se a um patamar que até as empresas de tecnologias americanas tomaram uma configuração de armas. Em alguns estados crianças já podem portar armas de fogo. Um simples reloginho que apita na escola é motivo de pânico. Ter em casa um abrigo nuclear confortável tornou-se um projeto de vida, tal como conquistar a casa própria. Aonde isso vai parar? Até as discussões políticas são explosivas. Eu não sei em outros lugares, mas aqui no Brasil e na América Latina em geral temos muitas deficiências básicas, precisamos de alimentos, remédios, equipamentos e tratamento médicos, energia e água potável a um custo menor, pontes, estradas, habitações dignas, melhorar a governança do estado, empregos dignos, motivação e esperança. O mundo já está cheio de armas. Que tipo de Nova Ordem Mundial os E.U.A pretendem moldar com uma indústria e mentalidade voltada, predominantemente, para a guerra e produção armamentista? Será que nós seres humanos somos tão perigosos assim?

O ex-presidente Lula andou dizendo que somos potência disso ou daquilo. Mas a verdade é que nós não somos potência de nada, a não ser de tamanho. Se fossemos potência de alguma coisa teríamos favelas como a da Rocinha em nosso território?

Abaixo as palavras de um ex-agente da CIA (o trecho abaixo foi extraído do site navbrasil).

> Lembro-me de excelente postado escrito por um amigo, Graham Fuller (que foi alto funcionário da CIA), lamentando a visão míope dos estrategistas norte-americanos e da classe política nos EUA quando consideram o mundo futuro. Escreveu ele, num artigo intitulado <u>NATO – America's Misguided Instrument of</u>

Sugestões de medidas e políticas públicas pontuais:
para o Brasil, América Latina, Central e o mundo!

Leadership [OTAN –Instrumento desorientado da liderança dos EUA]:

– A estratégia dos EUA parece fundamentalmente emperrada no modo defensivo contra potências emergentes. É verdade, sim, que essas potências desafiam as aspirações dos EUA à hegemonia continuada. Mas posturas defensivas roubam dos EUA sua própria visão e o próprio espírito; são orientação basicamente negativa, como o Rei Canuto na praia, a ordenar que a maré pare de subir. Pior, os militares nos EUA – e o orçamento deles não para de aumentar – parecem ter-se convertido em resposta-padrão dos EUA quaisquer questões internacionais. O Pentágono obrigou o Departamento de Estado a 'fechar a loja'.

– Hoje, quem simboliza essa visão míope e a orientação perenemente defensiva é a OTAN.

– Assim sendo, enquanto Washington concentra-se em construir estruturas militares defensivas, bases militares e outros arranjos além-mar contra Rússia e China, os EUA já estão sendo rapidamente ultrapassados por grande conjunto de novos planos e visões econômicas, além de novos projetos para uma nova infraestrutura continental e desenvolvimentos institucionais que já estão expandindo a Eurásia. Esses desenvolvimentos são, sim, capitaneados por China e Rússia. Mas, na própria natureza, não são movimentos fundamentalmente defensivos ou militares. De fato, são manifestação de que está sendo construída uma nova ordem internacional em relação à qual os EUA ou já se declararam fora ou já se declararam, mesmo, em oposição. De fato, a obsessão pela OTAN e por alianças militares como principais veículos.

Será que, como aponta o ex-agente da CIA, os E.U.A não estão perdendo seus melhores dias, bem como suas melhores oportunidades de construir um mundo mais bonito, justo e feliz em função dessa fixa e obscura

144

mentalidade de guerra? Será que tal postura não está a desviar seus melhores recursos e talentos de objetivos e projetos que poderiam estar a promover a continuidade do seu próprio desenvolvimento como uma nação exemplar? Será que em sua ânsia de dominar o mundo não pode estar a levar a humanidade a autodestruição, bem como o próprio E.U.A? Não estaria os E.U.A cultivando em relação as outras nações em desenvolvimento uma mentalidade semelhante à da classe média brasileira especializada que, em invés de se concentrar em obter um prêmio Nobel ou criar uma grande empresa competitiva, não dormem a noite com medo de que o filho do pedreiro adquira um diploma universitário e tome a "sua" vaga? Ou seja, em invés de focar no seu próprio desenvolvimento perde seus melhores dias preocupando-se com o crescimento dos outros. Não está na hora de "sair da balada" ou da "zona de conforto", como a classe média brasileira, e voltar-se para os livros e trabalho duro, trabalhando e estudando ainda mais para poder desencadear a próxima revolução como fizeram com as empresas de tecnologias, fazendo do ato de consumir um meio e não um fim si mesmo, para assim se poder produzir ainda mais e melhor? Talvez tenha chegado o momento dos E.U.A, patrocinador desta ordem, adotar o regime Sul Coreano\Japonês para manter sua dominância no mundo, não pela via da força, e assim poder concorrer com os asiáticos. Ou seja, em vez de se produzir para consumir precisam, neste estágio evolutivo do capitalismo, apenas consumir na proporção adequada para se poder produzir. Ver palestra de um economista americano *"Como chegamos até aqui: o excepcionalismo Americano"* (https://www.youtube.com/watch?v=bIx4xRHxo6k). O que este economista quis dizer é que os E.U.A deixou de privilegiar sua economia real em prol de uma economia fictícia. O candidato a presidência Donald Trump (hoje eleito) disse que o Brasil está tirando emprego dos E.U.A, que o México, a China, o Japão também. A verdade é que quem está tirando empregos dos E.U.A é o próprio E.U.A. Quando deixa de trabalhar no seu processo evolutivo, como aponta este economista em sua palestra. Como fazem as águias quando envelhecem os E.U.A precisam, ainda que num dolorido processo, se renovar. Talvez essas sinceras palavras possam soar desconfortáveis, mas sem abordar a origem dos problemas, estes não poderão ser resolvidos. Em outras palavras, os E.U.A precisa voltar a ser gerido, como aponta Eisenhower em seu discurso de despedida, com base na razão, levando em conta os seus interesses mas dos outros países também. Um país não é uma empresa.

Tenho simpatia pelo povo americano e me preocupo sinceramente com o bem-estar desta população. Cresci sendo influenciado pelo cinema e, em parte, pela cultura americana. Em alguma medida, foi o que me estimulou a elaborar este trabalho. Em outras palavras, também me sinto um pouco americano. Espero que essas sinceras observações possam realmente ajudar que esta grande e exuberante nação possa trabalhar para resgatar e ampliar seu brilhantismo, pela via dos fundamentos e princípios corretos, que por muitas décadas serviu para iluminar e influenciar o mundo. Vale notar que com uma população menor e com acesso mais fácil aos serviços básicos se reduz a pressão por empregos e por serviços essências, neste cenário terão mais êxito na dedicação em projetos de mais longo prazo e de maior complexidade que envolvem conhecimentos técnicos mais avançados.

146

Diego Brito

Discurso de despedida de Dwight D.Eisenhower de 1961

Meus companheiros americanos:

I.

Três dias a partir de agora, depois de meio século ao serviço do nosso país, devem estabelecer as responsabilidades do cargo como, em cerimônia tradicional e solene, a autoridade da Presidência, é investido no meu sucessor.

Esta noite, eu vim com uma mensagem de despedida e adeus, e de compartilhar algumas reflexões finais com vocês, meus compatriotas. Como qualquer outro cidadão, eu gostaria que o novo Presidente, e todo o trabalho que vai com ele. Eu oro para que serão abençoados os próximos anos de paz e prosperidade para todos. Nosso povo espera seu Presidente e do Congresso para encontrar um acordo fundamental sobre questões de grande momento, a resolução racional de que irá melhor moldar o futuro da Nação.

Minhas próprias relações com o Congresso, que começou em uma base remota e tênue quando, há muito tempo, um membro do Senado me indicou para West Point, desde então variou ao íntima durante a guerra e pós-guerra imediato, e, finalmente, , ao mutuamente interdependentes durante estes últimos oito anos.

Nesta relação final, o Congresso e a Administração têm, sobre as questões mais vitais, cooperado bem, para servir o bem nacional, em vez de partidarismo mero, e assim ter a certeza de que o negócio da Nação deve ir para a frente. Portanto, a minha relação oficial com o Congresso termina em um sentimento, da minha parte, de gratidão que temos sido capazes de fazer muito juntos.

II.

Estamos agora dez anos após o ponto médio de um século que testemunhou quatro grandes guerras entre as grandes nações. Três destes envolvidos nosso próprio país. Apesar destes holocaustos América é hoje o mais forte, a nação mais influente e mais produtivas do mundo. Compreensivelmente orgulhosos desta preeminência, que ainda perceber que a liderança e prestígio da América dependem, não apenas sobre os nossos progresso material sem precedentes, riquezas e poderio militar, mas na forma como usamos nosso poder no interesse da paz mundial e promoção humana.

III.

Ao longo da aventura dos EUA no governo livre, nossos propósitos básicos foram para manter a paz; a promoverem o progresso na realização humana, e para reforçar a liberdade, a dignidade e integridade entre as pessoas e entre as nações. A esforçar-se por menos seria indigno de um povo livre e religiosas. Qualquer falha rastreável a arrogância, ou a nossa falta de compreensão ou disposição ao sacrifício infligiria sobre nós ferido grave, tanto em casa como no estrangeiro.

Progresso em direção a esses objetivos nobres é persistentemente ameaçados pelo conflito agora envolve o mundo. Ele comanda toda a nossa atenção, absorve os nossos próprios seres. Enfrentamos uma ideologia hostil um alcance global, ateu em caráter, implacável na finalidade, e insidiosa no método. Infelizmente, o perigo é poses promete ser por tempo indeterminado. Para atender com sucesso, não é chamado para, não tanto os sacrifícios emocionais e transitórias da crise, mas sim aqueles que nos permitem levar adiante de forma constante, com certeza, e sem reclamar os encargos de uma luta prolongada e complexa com a liberdade. Só assim vamos continuar, apesar de todas as provocações, em nosso caminho traçado em direção à paz permanente e aperfeiçoamento humano.

Crises não vai continuar a ser. Em encontrá-los, seja nacional ou estrangeira, grande ou pequeno, existe a tentação recorrente a sentir que alguma ação espetacular e caro poderia tornar-se a solução milagrosa para todas as dificuldades atuais. Uma enorme aumento elementos mais recentes da nossa defesa; desenvolvimento de programas irrealistas para curar todos os males na agricultura; uma dramática expansão em pesquisa básica e aplicada estas e muitas outras possibilidades, cada um, possivelmente promissora em si, pode ser sugerida como o único caminho para o caminho que deseja viajar.

Mas cada proposta deve ser ponderado à luz de uma análise mais ampla: a necessidade de manter o equilíbrio dentro e entre os programas nacionais o equilíbrio entre o privado e da economia pública, o equilíbrio entre custo e esperava vantagem equilíbrio entre a clareza necessária e o confortavelmente desejável; equilíbrio entre os nossos requisitos essenciais como uma nação e as obrigações impostas pela nação sobre o indivíduo; equilíbrio entre as ações do momento e do bem-estar nacional do futuro. O bom julgamento busca o equilíbrio e de progresso; falta dela finalmente encontra desequilíbrio e frustração. O registro de muitas décadas se destaca como prova de que nosso povo e seu governo têm, na sua maioria, entendeu estas verdades e têm respondido a eles bem, em face de stress e ameaça. Mas as ameaças, novos em espécie ou grau, surgem constantemente. Menciono apenas dois.

IV.

Um elemento vital para manter a paz é o nosso estabelecimento militar. Nossos braços deve ser poderoso, pronto para a ação imediata, de modo que nenhum potencial agressor pode ser tentado a arriscar sua própria destruição. Nossa organização militar hoje tem pouca relação com aquele conhecido por qualquer um dos meus antecessores em tempo de paz, ou mesmo pelos homens de combate da Segunda Guerra Mundial ou a Coreia.

Até o último de nossos conflitos mundiais, os Estados Unidos não tinha indústria de armamentos. fazer americanos de arados poderia, com o tempo e conforme necessário, fazer espadas bem. Mas agora não podemos mais improvisação de emergência risco de defesa nacional; que foram obrigados a criar uma indústria de armamentos permanente de grandes proporções. Somado a isso, três milhões e meio de homens e mulheres estão diretamente envolvidos na instituição de defesa. Gastamos anualmente em segurança militar mais do que o lucro líquido de todas as corporações dos Estados Unidos.

Esta conjunção de um estabelecimento militar imensa e uma grande indústria de armamentos é nova na experiência americana. A influência total – econômica, política, mesmo espiritual é sentida em cada cidade, cada casa do estado, cada escritório do governo Federal. Reconhecemos a necessidade imperativa para este desenvolvimento. No entanto, não devemos deixar de compreender as suas graves implicações. Nosso

Sugestões de medidas e políticas públicas pontuais:
para o Brasil, América Latina, Central e o mundo!

trabalho, recursos e meios de subsistência são todos os envolvidos; assim é a própria estrutura da nossa sociedade.

Nos conselhos de governo, temos de proteger contra a aquisição de influência injustificada, seja procurada ou não, pelo complexo militar-industrial. O potencial para a ascensão desastrosa de um poder mal existe e persistirá.

Nunca devemos permitir que o peso desta combinação ponha em perigo nossas liberdades ou processos democráticos. Devemos tomar nada como garantido. Apenas uma cidadania alerta e experiente pode manter o entrosamento apropriado da grande maquinaria industrial e militar de defesa com nossos métodos e metas pacíficos, de modo que a segurança e a liberdade possam prosperar juntos. Semelhante a, e em grande parte responsável pelas mudanças radicais na nossa postura industrial militar, tem sido a revolução tecnológica nas últimas décadas.

Nesta revolução, a pesquisa tornou-se central; ele também torna-se mais formalizada, complexo e dispendioso. Uma parte cada vez maior é conduzida para, pelo, ou sob a direção de, o governo Federal. Hoje, o inventor solitário, mexer em sua loja, tem sido ofuscado por grupos de trabalho de cientistas em laboratórios e campos de teste. Da mesma forma, a universidade livre, historicamente o manancial de ideias livres e descoberta científica, tem experimentado uma revolução na condução da pesquisa. Em parte por causa dos enormes custos envolvidos, um contrato do governo torna-se praticamente um substituto para a curiosidade intelectual. Para cada quadro-negro velho agora existem centenas de novos computadores eletrônicos. A perspectiva de dominação de estudiosos da nação por emprego Federal, as alocações de projeto, e o poder do dinheiro está sempre presente e é gravemente a ser considerada.

No entanto, na realização de pesquisas científicas e descobertas no que diz respeito, como deveríamos, também temos de estar alerta para o perigo igual e oposta que a política pública em si poderia se tornar o cativeiro de uma elite científico-tecnológico. É a tarefa de governar a mofo, para equilibrar e integrar estas e outras forças, novos e velhos, dentro dos princípios do nosso sistema democrático – sempre com o

150

objetivo em direção aos objetivos supremos da nossa sociedade livre.

V.

Outro fator na manutenção do equilíbrio envolve o elemento de tempo. À medida que perscrutar o futuro da sociedade, nós você e eu, e nosso governo devem evitar o impulso de viver apenas para hoje, pilhagem, para a nossa própria facilidade e conveniência, os preciosos recursos de amanhã. Não podemos hipotecar os bens materiais dos nossos netos sem arriscar a perda também de sua herança política e espiritual. Queremos a democracia a sobreviver por todas as gerações futuras, não se tornar um fantasma insolvente de amanhã.

VI.

Descendo a pista longa da história ainda não foi escrita América sabe que este nosso mundo, cada vez maior menor, deve evitar tornar-se uma comunidade de medo terrível e ódio, e ser em vez disso, uma confederação orgulhoso de confiança e respeito mútuos. Tal confederação deve ser um dos iguais. O mais fraco deve vir para a mesa de conferência com a mesma confiança que nós, protegidos como somos por nossa, e força militar moral, econômica. Essa mesa, embora marcado por muitas frustrações passadas, não pode ser abandonado pela certa agonia do campo de batalha.

Desarmamento, com honra mútuo e confiança, é um imperativo de continuar. Juntos, temos de aprender a compor as diferenças, não com armas, mas com inteligência e propósito decente. Devido a essa necessidade é tão nítida e aparente Confesso que estabelecem as minhas responsabilidades oficiais neste domínio, com um sentido definido de decepção. Como alguém que tem testemunhado o horror e a tristeza persistente da guerra como quem sabe que outra guerra poderia destruir totalmente esta civilização que tem sido tão lenta e dolorosamente construído ao longo de milhares de anos - Eu gostaria de poder dizer esta noite que uma duradoura paz está à vista. Felizmente, posso dizer que a guerra foi evitada. O progresso constante em direção ao nosso objetivo final foi feita. Mas, muito ainda precisa ser feito. Como cidadão, eu nunca

Sugestões de medidas e políticas públicas pontuais:
para o Brasil, América Latina, Central e o mundo!

deixará de fazer o pouco que posso para ajudar o avanço mundial ao longo daquela estrada.

VII.

Então neste meu último boa noite para você como o seu presidente. Agradeço-lhe as muitas oportunidades que me deram para o serviço público na guerra e na paz. Confio em que, nesse serviço que você encontrar algumas coisas dignas; quanto ao resto dele, eu sei que você vai encontrar maneiras de melhorar o desempenho no futuro. Você e eu, meus concidadãos. precisam de ser fortes em nossa fé que todas as nações, sob Deus, vai atingir a meta da paz com justiça. Que possamos estar sempre inabalável em devoção a princípio, confiante, mas humilde, com poder, diligente na busca de grandes objetivos da nação. Para todos os povos do mundo, eu mais uma vez dar expressão à aspiração de oração e contínua da América:

Oramos para que os povos de todos os credos, todas as raças, todas as nações, podem ter suas grandes necessidades humanas satisfeito; que aqueles que a oportunidade agora negado virá para apreciá-la ao máximo; que todos os que anseiam por liberdade pode experimentar suas bênçãos espirituais; que aqueles que têm a liberdade vai entender, também, suas pesadas responsabilidades; que todos os que são insensíveis às necessidades dos outros vão aprender a caridade; que os flagelos da pobreza, da doença e da ignorância será feita a desaparecer da face da terra, e que, na bondade de tempo, todos os povos virá a viver juntos em uma paz garantida pela força vinculativa de respeito mútuo e amor.

O destaque no trecho acima do discurso de despedida de Dwight D.Eisenhower em 1961 tem como propósito ressaltar os verdadeiros valores e propósitos, sob e para os quais, os E.U.A se erigiu como nação. Talvez os problemas dos E.U.A não seja o enfraquecimento do dólar, a perda de competitividade das suas indústrias, o desemprego, mas o distanciamento progressivo dos valores destacados por

Eisenhower no final de seu discurso de despedida.

Imaginemos uma grande América

Imaginemos uma grande América onde as crianças possam brincar e se divertir onde quer que elas estejam, independente de se no Sul, Norte ou Centro.

Imaginemos uma grande América não composta por ricos e pobres, vencedores e perdedores, amigos ou inimigos, bandidos ou mocinhos, aliados ou desalinhados, colonizados ou colonizadores, nós contra eles, poderosos ou desapoderados, senhores ou escravos. Mas de sujeitos bem afortunados.

Imaginemos uma grande América bonita, sem pessoas famintas, seja por alimento, seja por autoestima. Que estudam, trabalham, criam, pesquisam, festejam, desenvolvem e se animam.

Imaginemos uma Grande América bem distribuída, bem desenvolvida, bem equilibrada, bem estabelecida. Sem grandes porretes ou intervenções enlouquecidas. Sem todas essas mazelas já bem conhecidas.

Imaginemos uma grande América moldada não apenas para servir a um único país, mas a todas as nações das Américas.

Mais uma vez me expresso aqui como amigo dos americanos, amo o povo americano e sei o quanto este povo é inteligente, dedicado, heroico, generoso e trabalhador. Apesar dos problemas ajudou a levar o desenvolvimento civilizacional as partes mais remotas e obscuras do mundo. Claro que não é possível fazê-lo sem custos. Por isso, mais uma vez recomendo-lhes o estabelecimento de uma relação harmônica e construtiva com todos os países do continente. Tal postura, que preserva a autonomia, os interesses e a soberania dos outros países da região só tendem a beneficiar os E.U.A e o povo Americano (diga-se de passagem em grande parte latinos). É preciso ver as coisas na perspectiva dos povos, então vamos recapitular. À medida que os países da região se desenvolvem, criando assim um ambiente mais agradável, produtivo e seguro, o fluxo das populações pode ocorrer de modo bidirecional entre Norte, Centro e Sul, conforme as oscilações naturais da atividade econômica. Dentre todas as regiões do mundo, nós aqui no continente americano, estamos na posição mais privilegiada em todos os sentidos, da defesa as questões econômicas. Os E.U.A é uma nação quase autossuficiente, pois detêm tecnologias avançadas, trabalhadores habilidosos, grande infra já construída. Os países Latino Americanos e do Caribe possui uma população jovem, forte e inteligente, é rico em recursos naturais e energéticos vitais, estão situados numa zona tropical talvez a mais propícia para atividades turísticas do mundo. No Haiti, por exemplo, pode ser construída uma rede de hotéis\resots beira-mar fantástica, podendo esta inclusive efetuar uma conexão direta com Miami com barcos e navios navegando entre as duas pontas. O potencial para o desenvolvimento da apicultura ali é indescritível. Qualquer que seja os problemas, se trabalharmos juntos, podemos superar. A primeira barreira psicológica que precisam vencer trata-se da percepção que possuem de si mesmos no sentido de se acreditarem indispensáveis e insuperáveis. Em primeiro lugar todos nós podemos ser substituídos (e graças a Deus que as coisas sejam assim, é a natureza operando com toda sua inteligência). Em algum momento e em algum aspecto, seja por algum país da região ou de outra parte do mundo, irão se destacar mais que os E.U.A. E daí? Ótimo que seja assim pois os outros povos também têm o direito de sentirem capazes e confiantes. Se algum dia o Brasil se tornar a nação mais próspera do mundo e se você que mora nos E.U.A se sentir desconfortável por viver na segunda nação mais próspera do mundo, não tem problema, você pode mudar para o Brasil que será recebido de braços abertos como, diga-se de passagem, os E.U.A já acolheu muitos brasileiros. Vale mais uma vez dizer que os E.U.A como nação grandiosa que é precisa andar para frente, acreditar no potencial do seu povo, na competitividade de suas indústrias, continuar a criar essas muitas coisas que ajudaram a mudar e revolucionar o mundo, seja do ponto de vista cultural ou de bens físicos em si. Porque este é os E.U.A, este é o verdadeiro espírito americano. Não importa qual o desafio, este é enfrentado com coragem e determinação. Mais é preciso olhar para dentro, encarar a realidade com coragem e mudar. Comecem se perguntando, se as indústrias americanas não estão conseguindo se manter competitivas dentro dos E.U.A estas se manterão competitivas aonde? Se não conseguem exportar seus bens e serviços com competitividade dentro do modelo liberal (não o imperial) para os países do continente o farão para os países

Asiáticos? Os E.U.A precisam efetuar um trabalho de longo prazo para melhorar sua imagem no continente, pois existe um lastro de ações negativas. Vale notar que ao longo de toda essa massa de terra vivem cerca de apenas um bilhão de pessoas. Ou seja, população menor do que da Índia e da China ocupando um mesmo estado.

Sugestões de medidas e políticas públicas pontuais:
para o Brasil, América Latina, Central e o mundo!

Resumo: com o desenvolvimento da América Latina\ Central, bem como outras partes do mundo, amplia-se os mercados e, portanto, mais negócios de todos os tipos que pode beneficiar as empresas e empresários americanos numa relação de ganho mútuo. Com isso o fluxo migratório em direção aos E.U.A tende a diminuir ou cessar. Em seguida pode-se pensar num fluxo inverso reduzindo-se a população dos E.U.A, como parece desejar os republicanos, consequentemente menos pressão por empregos e serviços públicos. Os E.U.A pode produzir uma parte daquilo que hoje importa, talvez distribuindo essa cadeia produtiva ao longo das Américas. Vale notar que a densidade demográfica do Canadá é baixíssima. Com uma política de transferência de renda entre as classes como sugere Piketty, via uma taxação progressiva, as pessoas mais pobres aumentarão seu poder de compra o que ajudará a criar demanda para suas indústrias. Junte-se a isso um controle da dívida pública e menor dependência da moeda pensando no longo prazo, bem como a redução do custo estatal. Com isso pode-se planejar até uma futura redução de impostos que incide sobre o setor produtivo. Tenta-se restabelecer parcerias construtivas e de ganho mútuo nas regiões que hoje se impera o antiamericanismo. Cogita compartilhar este custoso processo de policiamento e gestão do mundo com outras nações, paralelamente, vai-se encontrando uma solução sustentável para o dólar principalmente desvinculando, progressivamente, sua economia da dependência da moeda. Pode-se negociar com a China, Irão e a Rússia a continuidade da utilização do dólar, por um tempo determinado (para que os E.U.A possa se readaptar a essa nova realidade), internamente e no contexto das estruturas econômicas que estão desenvolvendo como a União Econômica EuroAsiática, Rota da Seda... Em contrapartida os E.U.A apoia o desenvolvimento destas estruturas e também se beneficia no comércio com eles. Chegando-se a um acordo na Ucrânia, restabelece-se as relações com a Rússia, como propõe Hillary Clinton e Kinssinger. Ao enfatizar o desenvolvimento de outras atividades econômicas reduz a dependência da indústria armamentista. Em suma, se E.U.A quiserem continuar numa posição de liderança no mundo, não pela via da força, precisa se voltar para dentro e continuar a desenvolver novas tecnologias e indústrias de ponta que agregam valor as pessoas, com foco na resolução de problemas. Em outras palavras, precisam fazer o que sempre fizeram, ir mais longe!

Sugestões de medidas e políticas públicas pontuais:
para o Brasil, América Latina, Central e o mundo!

Conclusão

A partir do que é proposto aqui, muda-se o foco de uma geopolítica de dominação global para uma geopolítica de cooperação e prosperidade global. Ou seja, se constrói assim um novo século de prosperidade, mas não apenas para os Estados Unidos, mas para todos os estados. Não apenas pelos Estados Unidos, mas em cooperação com outros estados. A energia despendida para a dominação global é direcionada para o seu autodesenvolvimento pleno. Não estou dizendo que os E.U.A não devam lutar pela sua hegemonia se isto lhe é relevante, o que digo é que precisa o fazer pela via do seu autodesenvolvimento e autoaperfeiçoamento continuado, levando-se em conta os interesses e necessidades dos outros povos também, como aponta Eisenhower em seu discurso de despedida.

Nota.: as análises acima tratam de um raciocínio e podem não estar corretas.

Diego Brito

Por uma Europa mais feliz – Uma sugestão!

Os problemas da Europa me parecem ser bem difíceis, pois são dependentes de recursos naturais externos e enfrentam enorme competição no comércio mundial. Além disso sua população já está habituada a um padrão de vida elevado. Algo que podem fazer, no meu entendimento, é continuar investindo no sistema educacional e projetos de pesquisa de médio e longo prazo criando indústrias e produtos de ainda maior complexidade. Além do turismo, moda, bens culturais e outros. No pior dos casos, no futuro, os europeus podem exportar os próprios europeus mais educados (como já fizeram no passado) para ajudarem no desenvolvimento de regiões menos desenvolvidas, mas que possuem recursos naturais e um sistema educacional ainda em desenvolvimento.

Uma parte dos jovens refugiados que estão na Europa poderiam receber um treinamento específico para posteriormente voltarem para seus respectivos países e ajudarem na reconstrução\aperfeiçoamento do oriente médio. Com essa crise de refugiados a Europa vai, provavelmente, sofrer uma queda significativa nas atividades que remetem ao turismo. A Europa precisa privilegiar a migração intra Europa quando um país precisar de mão de obra. Se não conseguir intra Europa deve dar preferência a migração de pessoas de países em desenvolvimento como os da América Latina e Eurásia, pois as culturas são mais similares e o processo de adaptação é mais simples.

Pode-se realizar um trabalho, sobretudo em países que atravessam crises econômicas e sociais mais severas como a Grécia, que vise resgatar os laços sociais e a interação comunitária. Tais como a promoção de grupos de discussões, restaurantes e lanches populares, cinema na praça, atendimento psicológico em casa, promoção de eventos esportivos e musicais. Tais medidas podem ajudar na redução de suicídios.

Elaboração (em conjunto, como fizeram com o acelerador de partículas), de projetos complexos de ciência como desenvolvimento de softwares inteligentes, criação de órgãos artificiais, modernas técnicas de reciclagem, síntese de minerais em laboratório, robótica e automação, etc. Criação e ampliação de espaços públicos (gratuitos e\ou com baixo custo) para atividades de lazer que podem ser compartilhados. Isto ajuda as pessoas a interagirem mais. No caso do aumento do desemprego pode-se diminuir as horas de trabalho, sobretudo para a realização de tarefas de natureza ruim.

Existe um grande potencial para o desenvolvimento de outras regiões do mundo que, com a ajuda de cidadãos europeus mais qualificados poderiam contribuir significativamente com este processo e, por extensão, encontra-se uma ocupação para os jovens bem qualificados hoje sem um trabalho no continente. Em vez de se secularizar ainda mais parece que a Europa está passando por um processo inverso ao de secularização. Como entender isso? É louvável a iniciativa europeia de desenvolver o multiculturalismo, o que não pode é perder sua identidade cultural, pois foi esta que, em alguma medida, permitiu que essas civilizações avançassem.

É preciso reconhecer ou especular que o futuro da Europa, no mais longo prazo (se novas fontes de energia não forem produzidas como a de fusão nuclear), pode ser até o desaparecimento. O consumo e custo energético para se viver nesta região é muito alto e estes recursos energéticos são muito preciosos para o futuro da civilização humana. Se eles forem consumidos sem uma reposição adequada a civilização moderna pode perecer. Isto é claro se novas alternativas energéticas e renováveis não vingarem.

Os elementos minerais e energéticos são vitais para situações específicas que envolvem as gerações futuras. Do ponto de vista prático trata-se apenas da migração gradativa desta população para regiões mais quentes, onde fontes energéticas como a solar são mais acessíveis. A União Euro-asiática pode vir a se configurar no futuro como uma espécie de Europa estendida ou Eurásia expandida. Vale notar que a densidade demográfica desta região é muito baixa e se toda população da Europa migrasse para lá, pegando como modelo um estado desenvolvido como os E.U.A, por exemplo, a densidade demográfica ainda permaneceria aceitável. Ou seja, a população ainda seria inferior a, por exemplo, a da China. quanto mais cedo a liderança europeia aceitar os fatos e absorver essa realidade física, mais fácil será para as gerações futuras. O gás natural é um recurso muito precioso para a civilização humana, então esta precisa ser resguardado para o futuro até que se encontre novas fontes de energia. Mas ainda que o gás natural fosse um recurso ilimitado, numa economia capitalista ele precisa ser comprado. Ou seja, o custo fixo, para se viver nesta região já é alto e a economia europeia já não cresce mais há algum tempo, o que mantêm estes estados de pé é o sistema da dívida que, cedo ou tarde, se desconstruirá. Sobretudo agora com a concorrência Russo\Chinesa com suas estruturas econômicas e militares. sendo construída. Tecnologias outrora exclusivas da Europa

Sugestões de medidas e políticas públicas pontuais:
para o Brasil, América Latina, Central e o mundo!

Nota.: As análises acima tratam de um raciocínio e podem não estar corretas.

Diego Brito

Por uma Rússia mais feliz – Uma sugestão!

Parece que a Rússia, como admiti Putin e Duging, precisa diversificar mais sua economia e ficar menos dependente dos hidrocarbonetos e de importações de produtos industrializados tal como ocorre com o Brasil e América Latina em relação a dependência das commodities e na necessidade de modernização econômica. No entanto, em relação a nós, os Russos estão bem na frente porque já possuem experiências na criação e construção de projetos tecnocientíficos bem complexos, sobretudo na área militar. A impressão que tenho da Rússia atual é que ela só deseja ser respeitada e ouvida enquanto nação, bem como participar da comunidade internacional em condições de igualdade, apenas isso.

Uma possibilidade para se explorar mais o turismo talvez seja a criação de parques temáticos, pousadas, hotéis, bares e restaurantes de alto nível visto se tratar de um país grande, pode-se aproveitar o enorme mercado chinês e indiano como suas imensas populações, bem como adjacentes. Para isso precisa facilitar o transporte, por diferentes vias. Bem como se fazer propaganda. Aproveita-se para criar e ampliar o turismo ecológico e militar. Parques que expõem equipamentos de guerra, com museus e exposições que contam a singular história da Rússia.

Tenho a impressão que, devido a sua história que envolve guerras bem como a associação "natural" da imagem do país ao Stanlinismo, isso vem ajudando a causar a percepção acerca do país associada a agressividade. Talvez, em algum momento, possam cogitar, no futuro, a hipótese de se eleger uma presidenta como fez a Alemanha

165

com Merkel.

O instituto de engenharia que estão criando para a produção de robôs policiais e militares poderia também ser utilizado para a construção de robôs e máquinas voltados para a substituição de mão de obra humana na realização de trabalhos desumanizantes e desagradáveis, como em hospitais, na construção civil, carga e descarga de caminhões, trabalho em minas, etc. Quem sabe em parceria com os chineses e demais BRICs.

Como o país é, em geral, frio. Pode-se especializar uma parte de sua indústria na produção de bens e serviços para esta condição, para uso interno e exportação do excedente, como indústria têxtil voltada para o frio, aquecedores, empresas e equipamentos para a remoção de gelo, bebidas mais adequadas para lugares frios, estações de esqui, etc.

A Rússia pode trabalhar cada vez mais para ampliar sua produção de alimentos explorando seu vasto território e possibilitar assim o acesso a um custo mais baixo as pessoas de baixa renda de países em estágio de desenvolvimento, como, por exemplo, para as imensas populações da China e Índia e, porque não, de todo o continente Africano.

O projeto de uma Rússia auto suficiente, ao menos nos moldes da China, pode encontrar obstáculos no tamanho de sua população, pois uma parte da população ativa precisa ser direcionada para atividades essenciais como saúde, educação, defesa, etc. Talvez seja melhor focar nas suas indústrias e atividades mais competitivas como a de energia, armamentista, aeroespacial, agricultura, alimentícia e, buscar a autossuficiência nos ciclos que envolvem o processo produtivo destas. Pois se quiser produzir todos os itens que consomem podem esbarrar na restrição populacional e faltar pessoas nos setores que lhe são essenciais.

A Rússia é um país bem grande, a União Euro-asiática bem maior ainda. As suas cidades, por sua vez, são afastadas ou distantes umas das outras. Uma indústria indubitavelmente promissora para o projeto da União Euro-asiática é a de trens e metros de baixa, média e alta velocidade, uma vez que esta terá grande demanda interna. Aqui na América Latina existe uma demanda grande para esta indústria também para no mínimo ao longo deste século. Seja no processo de integração intra América Latina seja entre as Américas. É uma sugestão\projeto que tinha e tenho em mente para as gestões dos estados latino-americanos, os chineses estão bem avançados nesta indústria. Pode-se pensar na montagem de uma estrutura societária com estes. Se pensarmos bem trata-se de uma demanda também do continente Africano, dos países Árabes, etc. Enfim existe uma demanda bem grande. Outro ponto de afinidade entre a União Euro-asiática e a União Sul-Americana encontra-se nas riquezas e diversidade biológicas. O potencial para a exploração deste segmento é imensurável quando pensamos em ambas as regiões. Existem muitas estruturas que podem estar montando em conjunto. Vale ressaltar que quando projetos como os propostos aqui acontecem, as nações mais desenvolvidas como os E.U.A, a Inglaterra e a Europa como um todo, China. Se beneficiam porque ocorre atividade real e, portanto, mais comércio. Se todos ficarem parados não há desenvolvimento e nem comércio pois não há atividade. Cedo ou tarde o preço do barril de petróleo vai aumentar e a Rússia retomará sua capacidade de investimento, no entanto precisa diversificar sua economia.

Sugestões de medidas e políticas públicas pontuais:
para o Brasil, América Latina, Central e o mundo!

O objetivo de se alcançar uma Rússia Justa (ou menos injusta) como almeja o partido do presidente Putin não é algo difícil, mesmo no modelo liberal (sociedade de mercado). A adoção de um conjunto de medidas relativamente simples (as mesmas sugeridas para a América Latina) o faria. Que em resumo consiste em:

1) Melhorar a gestão do estado.

2) Direcionar os recursos e atenção do estado para focar em setores estratégicos, como os minerais e energéticos.

3) Deixar a iniciativa privada investir em setores não estratégicos e essenciais sem a concorrência do estado.

4) Trabalhar na diversificação econômica que, diga-se de passagem, já está em curso. Já possuindo, inclusive, indústrias competitivas como a armamentista e a nuclear.

5) Dividir melhor os recursos auferidos entre a população por vias como a taxação progressiva sugerida por Piketty, melhora dos salários via uma relação equilibrada entre oferta e demanda e adoção de impostos baixos no setor produtivo, ofertas de serviços públicos de qualidade, programas como Bolsa Família implantado no Brasil...

6) Outras.

Em suma, como a população da Rússia é pequena e esta é rica em recursos naturais (além de possuir engenheiros e

168

cientistas brilhantes) pode, se quiser, com o tempo melhorar significativamente a qualidade de vida da sua população, talvez para padrões mais elevados do que hoje possui a população da Alemanha. Uma Rússia mais justa, mesmo neste modelo de economia de mercado, é algo relativamente simples de ser obtido. O difícil mesmo é se conseguir um mundo justo ou mais justo. se, realmente, possui este objetivo precisa continuar a trabalhar no seu desenvolvimento. Nada nem ninguém poderá impedir que a Rússia tenha um futuro grandioso, simplesmente porque, em muitos aspectos, a Rússia já é grandiosa.

"A Rússia voltou e o Fedor também"!

Nota.: as análises acima tratam de um raciocínio e podem não estar corretas.

Por uma Venezuela mais feliz – Uma sugestão!

A situação na Venezuela parece já estar bem crítica, seja do ponto de vista político, seja do ponto de vista econômico. Resta saber se o caminho que escolheram seguir será sustentável e se sim, até quando. Realmente eu não posso ajudar muito na resolução dos problemas que acontecem lá, uma vez que parecem querer seguir um modelo muito particular e ambos os sistemas, econômico e político, parecem estar com problemas graves. E mesmo que desejassem seguir o modelo de desenvolvimento proposto aqui, esta reaproximação com os investidores privados é trabalho de longo prazo. Mas vamos lá.

1) Todas as medidas que visão melhorar a gestão do estado é bem-vinda independente do modelo.

2) Pode fazer alguns gestos de reaproximação com o capital privado, por exemplo devolvendo propriedades expropriadas.

3) Pode se criar empresas com uma parte dos recursos do petróleo, bem como comprar ações de empresas que já existem.

4) Tentar estabelecer um canal de comunicação com os opositores. Bem como se amenizar as tensões políticas.

5) Pode-se contratar economistas renomados e mais próximos da esquerda latino-americana como Paul Krugman, Joseph E. Stiglitz e Thomas Piketty para ajudá-los na construção de um projeto de desenvolvimento econômico.

6) Ver porque, realmente, os E.U.A classificou o país como *"ameaça extraordinária e excepcional"*. Bem como o que fazer para mudar isso.

7) Tentar seguir um modelo mais semelhantes aos de outros países da região que estão *"funcionando"*.

8) Diminuir a dependência da economia do petróleo.

9) Outras.

Nota.: As análises acima tratam de um raciocínio e podem não estar corretas.

Por uma Coreia do Norte mais feliz – Uma

sugestão!

Parece existir bastante tensão na Coreia Norte devido a degradação das condições de vida, talvez possam (não sei quem) enviar recursos básicos para lá. Talvez a Coreia do Norte possa cogitar a possibilidade de adotar um modelo semelhante ao Chinês, bem como fazer um acordo como o do Irão com o Ocidente. Se não isso pensar em outras possibilidades que possa resultar no desenvolvimento de sua economia e no estabelecimento de uma relação mais harmônica com o Ocidente. Talvez possam, como os chineses, adotar o modelo de uma sociedade de mercado mantendo-se o partido único. Por outro lado, os E.U.A precisam se abrir ao diálogo e se predispor a resolver de modo definitivo essa relação conflituosa com a república. Parece que a solução proposta pelo Ocidente, reunificação, parece inviável no presente pois não há consenso quanto a isso.

Ao menos aparentemente as animosidades do Ocidente, mais especificamente dos E.U.A, em relação ao país deve-se ao programa nuclear. No entanto, com a criação da OCX que, no que entendi, se estende para a cooperação militar. Ou seja, uma espécie de Nato da Ásia. Então um ataque, se este é o temor, dos E.U.A a Coreia do Norte, por extensão se estar a atacar os membros da aliança, na prática a terceira guerra mundial. Se isto é verdade então para que armas nucleares na Coreia do Norte? As que Rússia e China possuem não é o suficiente para dissuadir um ataque americano à república se este é o temor? Além do mais o que tem na Coreia do Norte que interessa aos E.U.A em termos de recursos naturais que justificaria uma suposta invasão? O que a república da Coreia precisa fazer com esta proposta é melhorar sua relação com a Rússia e a China.

Pensemos do ponto de vista prático, se a Coreia do Norte, objetivamente, fazer uso de armas nucleares de modo unilateral contra um aliado dos E.U.A, mais especificamente a Coreia do Sul, será totalmente destruída, ainda que isso inicie a terceira guerra mundial. Com a ampliação das sanções as condições de vida podem se degradar a tal ponto que o regime corre o risco de ser implodido por dentro, pela via do seu próprio povo. A Venezuela e o Brasil consistem em exemplos de mudança de comportamento da população em relação ao governo quando os aspectos econômicos e sociais começam a se degradar.

Nota.: as análises acima tratam de um raciocínio e podem não estar corretas.

Por um mundo mais feliz – Uma sugestão!

A todo momento nos deparamos nos meios de comunicação com notícias negativas, sobre a economia, clima, instabilidade social, criminalidade e, agora, até mesmo sobre uma possível terceira guerra mundial. Será mesmo que este é o melhor dos mundos que podemos efetivamente construir? Não poderíamos construir outros mundos? A maioria das pessoas ricas e poderosas são idosas, será que na visão delas seus filhos e netos realmente estarão seguros neste planeta cada vez mais hostil? Será que elas mesmas não poderiam tomar a iniciativa de projetar uma nova civilização que seja realmente boa para elas e seus entes queridos e que, ao mesmo tempo, fosse melhor para o restante da humanidade e natureza. Os estragos que estamos causando no planeta não são pequenos e tendem, de agora em diante, a aumentarem consideravelmente. De que adianta ter dinheiro e poder em meio a uma guerra nuclear ou com o meio ambiente degradado? Será que estes atributos, ao contrário, não serão fonte de insegurança futura para quem os possui? Quando partirem quererão deixar um planeta devastado (com possibilidades crescentes de guerras nucleares) para as próximas gerações ou um mundo mais feliz e seguro para todos? Será que, para os ricos e poderosos, não é mesmo possível conciliar o próprio bem-estar no presente com as demandas individuais e coletivas futuras? Será mesmo que não?

Conceitos gerais

1) Qualquer sistema que deseje se apresentar como modelo\alternativa para humanidade precisa se atentar, talvez mais do que nos econômicos, nos aspectos que envolvem os direitos humanos (entre estes o de poder se expressar) e as questões ambientais. Pois afinal, porque os seres humanos, voluntariamente, desejariam perder os seus direitos, dificilmente conquistados, como humanos?

1.1 – Uma coisa é o liberalismo econômico, outra coisa é sua deturpação. Uma coisa é a democracia outra coisa é sua deturpação. Uma coisa é o socialismo outra coisa é sua deturpação. Uma coisa consiste na crítica ao modelo outra coisa na crítica a sua deturpação.

1.1.1 – Uma parte do desenvolvimento atual da China deve-se a economia de mercado e não ao socialismo. Ainda que o partido socialista tenha atuado como o maestro do exitoso desenvolvimento do país.

2) Um estado muito grande (com pessoas fora do processo produtivo) sobrecarrega quem está envolvido diretamente com o sistema produtivo. Um estado muito pequeno (com pessoas fora do processo produtivo) não consegue lidar com problemas que podem impactar diretamente no funcionamento do sistema produtivo. Exemplo, violência urbana, qualificação para o trabalho, saúde coletiva, epidemias, defesa, pesquisa.

3) Um dos grandes problemas do estado encontra-se na corrupção, esta tal como um cupim, é capaz de ruir qualquer estrutura pois o dinheiro acaba por tomar outros rumos diferentemente do inicialmente planejado. Pior, mina a estrutura moral e simbólica do mesmo perante a sociedade, bem como afeta a identidade dos próprios indivíduos que se envolveram em tais práticas. O fato é que ter dinheiro é muito bom e não tê-lo, por outro lado, é muito ruim. Logo, as pessoas, acabam por se deixar seduzir.

4) É preciso credibilizar e justificar a existência do estado via uma administração eficiente e elaboração de políticas públicas assertivas.

5) Para as pessoas quanto mais horizontal uma organização, melhor. Sobretudo para quem está em baixo, por razões óbvias.

6) Cada região, tal como as pessoas, possuem particularidades específicas que precisam ser consideradas e encontram-se em estágios de desenvolvimento de diferentes. Há regiões onde a democracia participativa funciona, há outras em que se precisa de um regime mais duro. Em algumas regiões faz-se necessário uma maior participação do estado atuando com políticas públicas compensatórias, já em outras não.

7) O que está acontecendo no Oriente Médio deixa evidente que pior do que uma ordem injustiça é a inexistência de uma ordem. Não foi atoa que Augusto Conte, criador do positivismo, fez uma espécie de distribuição dos papéis (alocação dos indivíduos dentro da sociedade) conforme sua classe social, percebendo uma sociedade em caos. Seu erro foi taxá-la de objeto estático. Ou seja, na percepção dele não ocorreria mobilidade de classe. Pode-se haver menor desigualdade econômica entre as classes, adoção de mecanismo justos de mobilidade entre as classes possibilidade bidirecional de mudança entre as classes, no entanto uma sociedade sem classes (ao menos funcional, em qualquer arquitetura de sociedade) seria bastante difícil porque existem diferentes classes de trabalho. Um presidente da república em relação ao seu vice encontra-se numa posição privilegiada. Ou seja, numa classe ou categoria de trabalho distinta. O processo produtivo requer a existência do pedreiro, auxiliar, etc. Ao menos com as tecnologias que possuímos e nesta arquitetura de sociedade.

8) Países dependentes de recursos naturais para a sua sobrevivência precisam ir, aos poucos, diversificando suas economias, uma vez que estes são finitos.

9) Tecnologias que visão reciclar materiais devem ser cada vez mais úteis à medida que os finitos recursos naturais vão se esgotando, sobretudo minerais, como os raros.

10) As políticas públicas não podem ter partidos ou ideologias para serem implementadas. Pois, independente de quem governa, as necessidades das pessoas são as mesmas.

11) A justificativa da existência do socialismo é eminentemente "moral", sem uma justificativa moral qual a razão de ser do movimento socialista? Como dizia a psicóloga russa Helena Antipoff, que emigrou para o Brasil depois da segunda guerra mundial.

Sugestões de medidas e políticas públicas pontuais:
para o Brasil, América Latina, Central e o mundo!

"O melhor modo de se educar é através do exemplo!"

É possível evitar o colapso econômico das estruturas ocidentais? Para os Bilderbegs e capitalistas zio-anglo-americanos.

A todo momento leio notícias de que as estruturas econômicas do Ocidente estão próximas do colapso. Que as empresas estão quebrando, que os bancos estão falindo, de que faz necessário fazer uma terceira guerra mundial para se salvar estas estruturas e todo o tipo de terror. Se isso é verdade suas causas já foram compreendidas?

Parece que um pequeno grupo de pessoas e estruturas econômicas centralizou um grande de um número de empresas e que sua manutenção tem sido difícil. Ao que me parece precisam adotar um conjunto de medidas complementares para sanear estas estruturas. Estudei muito pouco este problema, mas uma parte dele parece estar relacionado ao endividamento público porque cria um ciclo que acaba, cedo ou tarde, por minar ou destruir as estruturas da economia real. Porque se investe e\ou se aplica cada vez mais na dívida pública e com isso deixa-se de aplicar na economia real, o estado vai perdendo sua capacidade de investimento e ver-se obrigado aumentar a carga tributária. Ou seja, surgem três principais fatores contraproducentes e complementares: **1)** a falta de motivação do empreendedor para empreender porque consegue taxas de lucros maiores, mais fáceis e seguras ao investir na dívida pública **2)** a perda da capacidade de investimentos pelo estado. **3)** o aumento da carga tributária. Alguns fatores também incidentes e relevantes consiste na má administração

178

pública que consome cada vez mais recursos do setor produtivo sem oferecer contrapartidas, sem políticas públicas o ambiente extra fábrica degrada, o que pode inviabilizar o trabalho ou a estrutura produtiva, uma quantidade excessiva de recursos que vêm sendo retirados (sem sustentabilidade) do sistema produtivo para fins de utilização pessoal, o mesmo vale com recursos do estado. É compreensível que precisem do juros da dívida para manter essas estruturas em funcionamento, uma vez que o mercado é pautado de incertezas e as empresas possuem um grande custo fixo. O problema, por exemplo, é que quando a banca internacional (vou denominar assim) investe no endividamento do estado, um conjunto de outros agentes o faz também como funcionários públicos, pessoas físicas, empresas nacionais, fundos de pensão. Com uma taxa selic muito alta como a do Brasil, cedo ou tarde este não conseguirá pagar a dívida pública como foi o caso da Argentina, o que pode levar ao calote. O estado, quando mal administrado, passa a cada vez mais depender do investimento em títulos públicos para se manter. Ou seja, de um lado ele vai perdendo sua capacidade de pagamento, do outro vai se tornando cada vez mais dependente do endividamento público. Como a atividade da economia real vai sendo reduzida as empresas também precisam recorrer ao endividamento para se manter e também passam a depender cada vez mais dos juros da dívida pública. Ou seja, cria-se um ciclo que entrelaça ambos empresa e estado. No plano social como o estado tende a ser mal administrado, as estruturas públicas vão sendo privatizadas, a população vai se endividando e perdendo sua capacidade de compra. Ou seja, a capacidade do estado de oferecer serviços públicos necessários e fundamentais para o ambiente extra fábrica não se degradar, reduz significativamente. Isto gera revolta na população. Esta degradação do ambiente extra empresa faz com que se amplie os indicadores sociais negativos, como violência urbana, consumo de álcool e drogas, aumento da população carcerária. O que gera mais despesas para o estado. No plano cultural esta cultura muito orientada para o divertimento e o prazer enfraquece as pessoas, reduzindo a produtividade dos trabalhadores. Quando Joseph Goebbels criticou os judeus, na verdade sua crítica foi direcionada a categoria errada, porque o judeu (o religioso, é austero e trabalhador), os israelitas são um dos povos mais inteligentes e trabalhadores do mundo. Mas a cultura dos ricos que, naquele momento histórico, muitos eram judeus\israelitas devido a fatores sócio-históricos, como atividades comerciais como a dos bancos serem consideradas sujas pela igreja Católica e lhes ser delegadas. Este conjunto de fatores atuando em conjunto podem fazer com que este sistema precise ser reiniciado de tempos em tempos para se manter em funcionamento. Uma vez que as estruturas econômicas reais (empresas, trabalhadores, inovação, pesquisa, eficiência estatal), pouco a pouco vão sendo corroídas, até se chegar na corrosão das próprias estruturas financeiras que não têm mais as boas estruturas reais da economia em pleno funcionamento para se apoiarem. O problema que as consequências de reiniciar este sistema, como foi feito no passado, podem ser devastadoras.

Mas o que fazer no presente para solucionar os problemas?

180

1 – Essas empresas precisam ir sendo fundidas para se reduzir o custo operacional, ganhar robustez, eficiência, simplificar a administração..

2 – Precisam ser melhor geridas, mais produtivas e menos dispendiosas.

3 – Adotar medidas como sugerem Thomas Piketty.

4 – Ir aos poucos recebendo a dívida de estados com dívida pública alta como China e o Japão e aumentar o caixa dessas empresas.

5 – Ir aos poucos reduzindo a taxa de juros de estados onde está muito alta como no Brasil e Rússia. Para que este volte a ter capacidade de investimento e com isso gerar demanda para estas empresas. O ideal para uma economia capitalista é que estado fosse aos poucos reduzindo a carga tributária e não aumentado. Sobretudo via uma taxação progressiva, mas não do setor produtivo e sim dos recursos que saem deste.

6 – Trabalhar para melhorar a eficiência do estado ou da gestão estatal para que este possa oferecer contra partidas para a população que justifiquem a carga tributária, bem como preparar melhor o ambiente extra chão de fábrica. Facilitar a vida do empresário de modo que seu cotidiano e sua interação com o estado se torne mais simples, rápida e menos burocrática.

6.1 – Do ponto de vista prático para que tais

acontecimentos se materializem em países, por exemplo, como o Brasil, faz-se necessário uma reforma do estado. Mas para que esta ocorra faz-se necessário, por sua vez, uma reforma política.

7 – Se necessário investir em automação dos processos, ainda que gere desemprego. O mais importante é salvar as empresas porque estas são vitais.

8 – Continuar a investir no sistema educacional, saúde e de atividades complementares que forneçam serviços básicos a população e a economia real, como no setor energético, transporte, infraestrutura.

9 – Parece que algumas empresas desses grupos, sobretudo no setor de tecnologia, adentraram em segmentos que não geram receitas. Ou seja, em setores que não condiz com sua atividade fim. Isto as torna difícil de administrar, partes destes segmentos que não estão relacionados com sua atividade principal podem estar gerando despesas de modo desnecessário e prejudicando a capacidade de investimento e aperfeiçoamentos das funções fundamentais ou viscerais da organização deixando-as pesadas, em invés de se concentrar em suas atividades principais para manterem-se competitivas e não perderem espaço para um conjunto de empresas menores que no final acabam por preencher lacunas de mercado que estas empresas poderiam estarem preenchendo no seu segmento relacionado. Um exemplo, a Coca-Cola com as fábricas de refrigerantes de bairro. O mesmo vale para empresas que não geram receitas ou geram pouca receita, estas devem fechar.

10 – Estas medidas têm como objetivo ajudar com que esse conjunto de empresas reduza a dependência da dívida em suas operações. Ou seja, que tornem-se mais lucrativas. Para que a economia transnacional funcione bem é preciso conciliar a operação harmônica de no mínimo quatro entidades: o estado exercendo o seu papel organizativo e de equilíbrio entre os agentes sociais, a empresa transnacional, a empresa de médio e pequeno porte.

11 – Existe um conjunto de funcionários públicos aposentados, como por exemplo os militares na reserva que poderiam criar empresas. Pode-se criar programas que incentive esta categoria a montar pequenos e médios negócios.

Para o empresário capitalista legislações que o impedem de reduzir ou ampliar o tamanho de seu negócio\estrutura com rapidez é muito negativa. Porque a manutenção de seu negócio é dependente do funcionamento do mercado e este, por sua vez, é instável.

Uma estrutura muito grande é difícil de ser compreendida e administrada porque torna-se complexa demais, tanto para fins de entendimento como para fins de manipulação. Talvez reduzir um pouco essa estrutura pela via de fusões seja uma boa medida. Devido as dimensões dessas estruturas é preciso tomar muito cuidado porque o custo fixo\operacional da manutenção destas é muito grande\alto e com o declínio da atividade econômica estas podem vir a falência de modo sistêmico e com rapidez.

A administração de estruturas desta magnitude e complexidade requer pessoas talentosas, mas não só em

Sugestões de medidas e políticas públicas pontuais:
para o Brasil, América Latina, Central e o mundo!

termos acadêmicos mas também com conhecimentos sociais\políticos e práticos. Ou seja, com vivência prática. A atual geração passa muito de seu tempo fazendo uso\frente as tecnologias (da infância até a vida a adulta), não discute muito e não problematiza a realidade (condição necessária para o desenvolvimento das estruturas cognitivas do pensamento, via linguagem), não tem foco e tende a ser dispersa, deseja o prêmio mas não quer o trabalho. Estadistas e administradores experientes nunca foram mais necessário em decorrência dos problemas e conjunturas globais. Em outras palavras as gerações futuras não me parecem estarem preparadas para lidar com estruturas e problemas tão complexos.

Sei que não vai adiantar, ou promover uma mudança de postura no mundo real, uma vez que esta é a mentalidade capitalista, mas é preciso fazer uma análise das consequências práticas para o próprio sistema capitalista de produção de se privatizar toda a estrutura do estado. talvez tal analise ajude-os a refletir. Os E.U.A é um bom exemplo ou modelo para a análise, na perspectiva das populações, por se tratar da maior economia capitalista do mundo. Quando se privatiza tudo (resultando num estado sem patrimônio) o custo país e o custo de vida tende a subir muito, por diversos fatores. A manutenção do estado possui custos fixos essenciais para a formação do ambiente necessário para viabilizar a produção. Ou seja, o estado não existe por nada, ele existe porque precisa existir, do contrário o ambiente social naturalmente se degrada porque do contrário deixa-se de operar as estruturas que permite ou promove o desenvolvimento social\civilizacional como corpo jurídico, policial, sistemas de saúde e educação, desenvolvimento e manutenção da infraestrutura, defesa, etc. Sem esse suporte o ambiente que permite a vida social se degrada. As pessoas começam a roubar, matar umas as outras, não há formação profissional. O custo país sobe porque o empresário capitalista tende a naturalmente ir aumentando suas taxas de lucro nas estruturas que ele administra\possui, logo o preço do pedágio aumenta, da telefonia, da energia elétrica, da água. O custo de vida aumenta porque além da elevação dos elementos citados no custo país outros custos como os de serviços médicos, educação, lazer, moradia e, também sobem. Como o acesso a todos esses serviços é privatizado uma parcela não desprezível da população passam a não terem acesso a estes (não conseguem pagar com seus salários), o que pode gerar mais instabilidade social e mais despesas para o estado (aumento das tensões sociais, população carcerária, criminalidade). Um ponto importante é que é comum uma parcela não desprezível da população estar sem emprego, sobretudo em momentos de crise, como tudo foi privatizado por extensão sem acesso aos serviços básicos. Para manter uma economia capitalista como a Americana em pleno funcionamento requer o consumo de uma quantidade enorme de recursos materiais e energéticos. O estado para se financiar (quando sem nenhum patrimônio), inclusive para pagar os juros da dívida pública, precisa o fazer pela via da arrecadação de impostos. Dependendo da dimensão de suas despesas ele precisa de uma arrecadação de impostos muito grande, ou seja, de uma economia capitalista em pleno funcionamento. Para se manter uma economia puramente capitalista em pleno funcionamento precisa-se de uma quantidade grande de recursos materiais e energéticos que são transformados pela via da aplicação de trabalho. Estes, por sua vez, são escassos.

Por outro lado é preciso se perguntar porque o socialismo ou a estatização de toda a estrutura econômica tende a não funcionar na prática (na percepção do autor) para este modelo de sociedade. Existem diversos fatores, alguns percebidos pelo autor são: 1) A estrutura e\ou o processo produtivo é o mesmo (o modo de se construir pontes, estradas, automóveis). 2) Os homens possuem a mesma natureza que tendem ao egoísmo, hedonismo e a dominação. 3) Ocorre uma baixa real na produção, na inovação e na qualidade dos processos administrativos gerenciais em relação ao modo capitalista de produção porque este incorpora um conjunto de mecanismos que visam ampliar a eficiência produtiva, ainda que nem sempre leve em conta o bem-estar dos trabalhadores. No socialismo, em algum momento, a demanda passa a superar a oferta. 4) Cria-se um estado altamente intervencionista, militarizado, grande e pesado para àqueles que atuam no sistema produtivo, burocrático, centralizador e que vai aos poucos se desfazendo dos poderes moderadores como o judiciário, a mídia, a democracia, a sociedade civil. Ou seja, as estruturas do estado tende a acabar por ser apropriada (passa a ter dono) por um pequeno grupo que passa a agir sem o intermédio de poderes moderadores que servem para inibir a prática de atos que infringem os direitos humanos. Em suma, esses agentes não são julgados como os outros membros da sociedade. De fato no mundo "liberal" a chamada elite também recebe um tratamento diferenciado pelas estruturas de poder como o judiciário, a mídia, o acesso à estrutura do estado, mas até certo ponto ou certo limite conforme cada um destes membros da elite e cada sociedade.

Um sistema econômico ainda que seja o coração deste, está contido num sistema social. Ou seja, ainda que exerça grande influência na modelagem do sistema social, um sistema econômico não é um sistema social. Para que um sistema econômico possa operar faz-se necessário a existência de um sistema social. Um sistema social só existe devido à existência de um sistema natural, micro ou macro, a depender da perspectiva. Os seres humanos é um tipo de sistema natural, ou seja, uma criação da natureza. Ele só existe porque um sistema natural maior, a própria natureza o criou. Este por sua vez criou o sistema social e econômico sobre o qual opera. O capitalismo como sistema econômico tem encontrado certas dificuldades em interagir ou se relacionar bem com os sistemas naturais, seja os seres humanos numa perspectiva micro, seja a natureza numa perspectiva macro. É evidente que na ótica humana, mais especificamente do desenvolvimento econômico e social este trouxe grandes avanços (maior produção de medicamentos, alimentos, roupas, entreterimento...), mas uma parcela não pequena da população ainda não pode usufruir com plenitude destes benefícios. Para quem fez\faz pesquisas de campo (visita obras, fábricas, centro de abastecimentos, prisões, prostíbulos, casas de pessoas carentes...), nota-se que uma parcela da população não pequena ainda não está bem acomodada no sistema, seja pelo tipo de trabalho que exercem seja por sua condição de vida extra trabalho, sobretudo em países subdesenvolvidos ou em desenvolvimento. Não é culpa dos ricos, mas uma consequência do modo que nos organizamos em sociedade. De qualquer maneira ocorreram avanços neste sentido também, seja com a introdução de novas tecnologias que facilita no trabalho, seja na distribuição da renda para mais pessoas intra e entre sociedades. Ocorre que no momento presente nos deparamos com um gravíssimo problema, a da constatação da finitude e da fragilidade do sistema mais importante para nós, a biosfera. Pois esta é responsável em originar todos os outros sistemas, os sistemas humanos, sociais, econômicos e, qualquer outro sistema que nosso sistema social contem. Para além da questão que envolve a degradação do ambiente existe ainda um outro problema, o da existência de recursos naturais e\ou matérias-primas necessária para a manutenção e expansão do modo de produção capitalista, pois para este se manter em funcionamento precisa estar sempre em expansão. Surge então um outro grave problema, o da finitude de recursos naturais que permite sua expansão. Ou seja, existe uma restrição física. Isto quer dizer o seguinte que, cedo ou tarde, será preciso encontrar e desenvolver um outro modelo de desenvolvimento econômico\social (tentei dar uma contribuição para este problema também em outro trabalho) que seja capaz de lidar com esses problemas, mas essa migração trata-se de uma tarefa mais para o tempo futuro. O trabalho desenvolvido aqui propõem a dar uma contribuição para o enfrentamento dos problemas que acometem o tempo presente, de modo que seja possível manter as bases seguras que permitam a construção de um novo futuro, mais seguro e próspero para todos.

Nota.: as análises acima tratam de um raciocínio e podem não estar corretas.

Possíveis projetos para os BRICs

1 – Levar a academia virtual, Kan Academic para as partes remotas do mundo ou para todo o mundo: a Kan Academic é a maior academia virtual do planeta e funciona muito bem, pode-se pensar em levá-la para todos os países do globo. Não faz sentido criar outras, é melhor concentrar os investimentos e aperfeiçoá-la.

2 – Rede social para portadores de HIV: criar uma rede social específica, em escala mundial, para portadores do vírus HIV. De modo que possam se conhecer e trocar experiências entre si, bem como estimular a formação de casais portadores do HIV.

3 – Universalizar o acesso à internet: via utilização dos sistemas de satélites.

4 – Banco de códigos: os programas de computadores são criados via instruções ou códigos que são transmitidos para as máquinas. Estes códigos podem ser escritos em diferentes linguagens como acontece com a linguagem natural, inglês, francês, japonês. Como acontece com as coisas físicas existem também peças de códigos, por exemplo para se criar um botão e algorítimos que executam tarefas, como encontrar um nome em meio ao muitos outros. Algumas dessas peças de códigos e algorítimos são frequentemente utilizados, pode-se então armazená-los num repositório acessível via internet em diferentes linguagens de programação.

5 – Mapeamento dos softwares já criados: existem hoje

muitos programas de computadores que sequer sabemos que existem, pode se criar uma espécie de Wikipédia dos softwares organizando-os por categoria.

6 – Binômio problema solução: os BRICs podem criar grupos de estudos orientados pelo binômio problema-solução, partindo-se dos problemas, que afetam a cada um. Por exemplo, a baixa taxa de natalidade na Rússia e os problemas com o álcool (parecem estar relacionados), a poluição, os protestos e os suicídios na China, os estupros coletivos na Índia, o HIV e fome no continente africano, a violência urbana e os problemas econômicos no Brasil.

7 – Automatização do campo: bem como se pensar num projeto para uma *"vida boa no campo".*

8 – Desenvolvimento de tecnologias e produtos "verdes": e menos dependentes dos combustíveis fósseis (não apenas por questões ecológicas, mas porque são também finitos) como os ônibus elétricos chineses.

9 – Banco de problemas divididos por categorias: Por exemplo:

sociedade => violência urbana => desigualdades econômicas => educação desigual => nascimento e diferenças individuais => drogadição => sistema econômico => má qualidade da educação => educação desigual => má gestão do estado =>aglomeração de pessoas => doenças (não resolvidas) => câncer => câncer de próstata =>câncer de pele =>câncer de garganta => câncer...

O que já foi tentado para solucioná-los? O que funcionou, o que não funcionou? Porque? Onde as experiências de sucesso ocorreram? Pode-se resolvê-los efetivamente? Porque não o foram? Existem muitos problemas que são comuns a todos os países, como por exemplo, violência doméstica, desperdício de alimentos e outros, ainda que existam particularidades.

10 – Rede de lanchonetes saudáveis: composta por produtos naturais e saudáveis para acesso a baixo custo, contando com dicas nutricionais que envolve, entre outras coisas, advertências constante em relação ao consumo de certos alimentos e a adoção de certos hábitos.

11 – Fundo de ajuda a África: os BRICs, porque não todos os países do mundo, poderiam criar um fundo para o desenvolvimento do continente africano. Por exemplo, concedendo um desconto de R$ 1,00 mensal ou mais do salário dos trabalhadores, mediante autorização do solicitado. A instituição criada por Xi para o desenvolvimento dos países subdesenvolvidos poderia, talvez, gerenciar esses recursos. Apenas isso. Basta que a empresa pergunte se o funcionário autoriza ou não o desconto e se sim de quanto. Pode-se, via mídias, se lançar uma campanha para se estimular a implantação da medida. O desenvolvimento moderado da África ajudará a conter o fluxo de imigrantes para a Europa, além de ajudar a dar vasão a aparente capacidade de produção excedente no mundo. A mesma visão pode ser aplicada ao Oriente Médio e partes da Ásia, em ambas as regiões pode-se aproveitar o gigantesco potencial da energia solar. Além da eólica, nuclear, entre outras. Em suma, é preciso encontrar meios para que os projetos sejam autossuficientes, por exemplo, fornecendo acesso gratuito a quem não pode pagar e cobrando de quem pode para não sobrecarregar mais as contas públicas.

Considerações sobre o socialismo

Classes sociais: as diferentes classes sociais existem devido, principalmente, a existência das diferentes classes ou categorias de trabalho que resultam em papéis sociais distintos. Estes, por sua vez, são criados em decorrência da própria natureza do processo produtivo e\ou da organização social. Seja no socialismo ou no capitalismo o processo produtivo é o mesmo, bem como a natureza humana também (que tende ao hedonismo, egoísmo e a dominação). O modo como se constrói uma ponte é o mesmo, o que vale para carros, ônibus, prédios, seja no socialismo ou capitalismo. Quem participa da burocracia estatal em relação a quem não a compõe, por si só, já constitui uma formação diferente de classes. Mudar o sistema econômico não muda, por extensão, o processo produtivo e nem a natureza humana, logo continua-se a existir diferentes classes ou categorias de trabalho ainda que as recompensas sejam similares. Pode-se, numa sociedade de mercado ou não, se adotar mecanismos que reduzam as desigualdades econômicas, no entanto continuaram a existir as desigualdades funcionais. Para se alterar isto é preciso que se modifique a natureza do trabalho, algo muito complexo. Vale ressaltar que muitas coisas são ruins e difíceis, principalmente no que compete ao trabalho, porque a realidade ou a constituição do processo produtivo é ruim, independente do sistema social. Ainda que venhamos a construir uma civilização altamente tecnologizada onde todo o trabalho operacional é transferido para as máquinas, ainda assim as coisas continuaram a possuir uma natureza difícil e ruim porque é extremamente difícil e, às vezes ruim, o processo de produção e manutenção da própria tecnologia. A educação, por si só trata-se de uma profunda agressão a nossa natureza animal bem como a contenção de nossos instintos. Será que é fácil viver no Japão? O processo de adaptação para viver numa sociedade avançada é muito difícil porque requer um grande esforço de aprendizado, quanto mais construí-la. Para além do processo produtivo a adaptação a vida social por si só já traz desafios, seja no que compete as relações sociais e afetivas, o envelhecimento, as doenças, a construção da própria subjetividade e identidade, a convivência consigo mesmo. No entanto, não temos outro caminho, não podemos retroceder. Só nos resta seguir em frente.

Mecanismos que levam os homens ao trabalho: em qualquer organização social algum mecanismo que leve os homens ao trabalho precisa existir, do contrário pode ser o fim da civilização. Os homens são animais inteligentes que evoluíram adquirindo maior plasticidade que os outros animais. Ou seja, ele consegue fazer coisas que os outros animais não conseguem devido não apenas sua inteligência, mas também sua anatomia. Muitos trabalhos na sociedade são bastante agressivos e, sem a adoção de mecanismos que levem os homens ao trabalho, estes não o farão.

Sugestões de medidas e políticas públicas pontuais:
para o Brasil, América Latina, Central e o mundo!

Totalitarismo e implosão do sistema: como tanto no capitalismo quanto no socialismo o processo produtivo é o mesmo e a natureza humana também (que tende ao hedonismo, egoísmo e a dominação), um dos mecanismos que podem levar os homens ao trabalho consiste na utilização da intimidação e da força. As pessoas que estão no estado (fora do sistema produtivo), seja na burocracia ou no exército, tendem a não quererem, obviamente, a se deslocarem para o sistema produtivo. No entanto, ocorre o inverso, as pessoas desejarem sair do sistema produtivo e tentarem ir para o estado. Como também acontece no mundo liberal, seja o próprio trabalhador que sai do sistema produtivo e tenta encontrar um espaço na estrutural estatal pela via da política. Seja dos próprios empresários que tentam se apropriar dos recursos do estado, uma vez que ganhar dinheiro no mercado é difícil e incerto. Como a produtividade cai e, cada vez mais pessoas tendem a se deslocarem para o estado, até para ajudar nos sistemas de controles decorrentes da própria deficiência do modelo, ou por precisarem de recursos complementares do estado. Continua então a existir diferenças materiais entre as pessoas, agora entre aqueles que fazem parte da burocracia estatal e do exército em relação e aqueles que não o fazem. Isto acontece porque, seja no socialismo ou no capitalismo, os homens também são os mesmos e\ou permanecem com a mesma constituição que tende ao egoísmo, hedonismo e a dominação. A liberdade de expressão é tolida para que as contradições do sistema não sejam expostas, entre elas as diferenças materiais, funcionais e de status social entre aqueles que estão no estado em relação aqueles que não estão. Ou seja, para que não aja questionamento. A

194

implosão do sistema deve-se, entre outros fatores, a ineficiência produtiva. A eficiência produtiva bem como o continuado processo evolutivo tecnocientífico possui um papel vital para a manutenção e o desenvolvimento da civilização, porque à medida que a civilização caminha surgem novas demandas que sem o desenvolvimento tecnocientífico continuado esta pode perecer. Por exemplo, a evolução de bactérias para os quais os antibióticos não mais são eficazes ou a epidemia de um vírus como o do Ebola em nível global sem uma capacidade efetiva de resposta. Ou o choque de um meteoro com a terra. Ou mesmo o aquecimento global. Os problemas que a Rússia teve com o setor energético consiste num bom exemplo dos problemas advindos com a baixa eficiência evolutiva no que tange aos aspectos tecnocientíficos. Este sistema, o liberal, ao menos neste aspecto provou ser eficaz.

Um trecho do artigo Porque o Socialismo?, de Albert Einstein, adverte sobre estes problemas:

"Contudo é preciso lembrar que uma economia planejada ainda não é socialismo. Uma economia planejada pode ser acompanhada por uma escravização completa do indivíduo. A realização do socialismo requer a solução de alguns problemas sociopolíticos extremamente difíceis: como é possível, em face da centralização abrangente do poder político e econômico, impedir que a burocracia se torne todo-poderosa e prepotente? Como se podem proteger os direitos do indivíduo e garantir com isso um contrapeso democrático ao poder da burocracia? A clareza quanto às metas e aos problemas do socialismo é da mais alta significação em nossa era de transição. Como, na conjuntura atual, a discussão livre e sem barreiras destes problemas se tornou um grande tabu, eu considero a fundação desta revista um relevante ato de interesse público."

Sugestões de medidas e políticas públicas pontuais:
para o Brasil, América Latina, Central e o mundo!

Um vídeo interessante (https://www.youtube.com/watch?v=LrICYUO-Uos), *Breve comentário sobre a Escravidão Capitalista e Socialista,* do músico e escritor Varg Vikernes, mostra que ambos os sistemas colocam os trabalhadores numa situação de escravidão. Com um atenuante para a social democracia. Ele só não o diz o porque. A explicação é simples, porque tanto no socialismo como no capitalismo o sistema produtivo é o mesmo, ou seja, existe a mesma realidade física, bem como a natureza humana também que tende ao hedonismo, egoísmo e a dominação. Tal natureza tende a transferir o que a de pior, nos aspectos objetivo e subjetivo, para os outros e a reter o que há de melhor para si quando possível. Seja no capitalismo, seja no socialismo. Um trecho de uma entrevista de Picket na revista Carta Maior expõe aspectos relativos a questão que tange o crescimento econômico e\ou sua ausência:

No entanto, você usou o termo "forte crescimento" em um artigo assinado com economistas alemães e ingleses.

"Para mim, 1% ou 2% é um crescimento alto! Em uma geração, é um crescimento muito, muito forte! Em 30 anos, um crescimento de 1% ou 1,5% ao ano significa que a atividade econômica aumentará em um terço ou 50% a cada geração. É uma taxa de renovação da sociedade extremamente rápida. Para que todos possam ter um lugar em uma sociedade que se renova a este ritmo, é preciso um sistema de educação, qualificação e acesso ao mercado de trabalho extremamente bem adaptado. Nada a ver com uma sociedade pré-industrial onde, de uma geração para a outra, a sociedade se reproduz de forma quase idêntica. Por outro lado, a ideia de que nenhum crescimento mais é possível também me parece perigosa. Se reproduzido ao longo de gerações, é um processo bastante assustador, é o fim da humanidade. Esta capacidade de crescimento demográfico reduzida a zero ou a taxas negativas reforça a importância da riqueza acumulada. Isso nos recoloca em uma sociedade de herdeiros, o que a França conheceu de forma bem acentuada no século 19, com a estagnação da população."

Como cheguei nessas conclusões?

Ao longo da vida realizei diferentes tipos de trabalho, por necessidade e curiosidade, bem como observei a execução de diferentes tipos de tarefas e de processos. Também realizei algumas leituras, análises, reflexões e observações sociais. Ainda que não tenha acumulado um número de horas adequado voltados para o entendimento de tão complexo tema, muito menos trabalhado num regime de dedicação exclusiva, mas pude chegar nessas conclusões. Estou certo? Não sei. Dentre os trabalhos que executei o de vendedor externo foi o que mais me permitiu observar pois pude visitar diferentes ambientes de trabalho e observar diversificados processos. Também trabalhei como operário, em escritórios, em áreas técnicas como de TI, microempresário, escrevi e lecionei, em casa na construção civil e outros, bem como realizei alguns estudos.

Manifesto meu ponto de vista acerca do socialismo, com objetivo de expô-lo para os próprios socialistas, no sentido que acredito que em sua maioria tratam-se de pessoas bem-intencionadas e, muitos, verdadeiramente honestos (ainda que nem todos), e que desejam realmente transformar o mundo para melhor. No entanto, vale ressaltar que uma vida humana é muito breve, as pessoas morrem, mas os sistemas sociais ficam para o melhor ou para o pior. Ou seja, exponho meu ponto de vista não porque não acredito nas boas intenções dos meus amigos socialistas, mas do contrário, porque acredito. Esta crítica ao socialismo não significa, porém, uma defesa do capitalismo.

Os estudos do autor foram muito limitados dado a complexidade do assunto e encontra-se ainda incompletos, no entanto, até este momento, este consiste no seu ponto de vista em relação ao modelo de uma economia planejada controlada pelo estado (não significa porém que esteja certo). O autor entende que para se implementar uma economia planejada é preciso antes que se construa uma sociedade cientificamente planejada, sendo a economia um, dos muitos, elementos constituintes desta sociedade. veremos mais abaixo que trata-se de um problema muito mais complexo do que simplesmente estatizar os meios de produção, pois requereria reprojetar toda a civilização com base em outros princípios. para isto é prudente seguir um conjunto mínimo de passos que poderiam levar muitas décadas ou talvez centenas de anos. dado as diferentes forças que imperam no mundo tal objetivo só poderia ser obtido pelo consenso das *"elites"*. vale ressaltar que este consiste no ponto de vista do autor e não significa que não possa estar errado.

Vale notar que para o exercício de certos "papéis sociais", dado a sua própria natureza e relevância para a comunidade, requer certas "condições de vida" que sem estas o exercício dessas atividades "não poderiam" ocorrer com um mínimo de qualidade. Exemplo, um neurocirurgião, um engenheiro, um executivo, um estadista. Ou seja, é preciso que ocorra um mínimo de concentração de recursos nestes profissionais. Também vale notar que se não houver alguma expropriação do trabalho a comunidade não poderia dedicar-se a projetos que levam ao desenvolvimento civilizacional. Por exemplo, se todos estivessem na produção não ocorreria expropriação, mas também não haveria evolução. O que, diante de algum problema mais grave como uma epidemia, poderia resultar no fim da espécie. Por exemplo, a peste negra na Europa. Se todos fossem camponeses, naquele momento histórico, talvez não se tivesse chegado a solução do problema.

Sugestões de medidas e políticas públicas pontuais:
para o Brasil, América Latina, Central e o mundo!

Meu posicionamento político

Sou socialista, no sentido que acredito que os recursos e as tarefas precisam ser distribuídos(as) com mais equidade entre as pessoas numa sociedade, bem como entre as nações. E, no sentido de acreditar que precisamos construir uma sociedade e um mundo mais justo.

Sou liberal, no sentido que acredito na valorização das trocas culturais, na liberdade de expressão, na livre iniciativa (seja numa sociedade de mercado ou não), nos direitos humanos, no respeito a liberdade e as diferenças individuais.

Sou democrata, no sentido que acredito que a democracia, ainda que às vezes distorcida, consiste numa das melhores ferramentas que inventamos para que a comunidade humana possa decidir o seu próprio destino e como meio de se garantir que um pequeno e restrito grupo não se tornem donos do estado, sob a justificativa da promoção da justiça social e da liberdade.

Sou realista, no sentido que acredito que não se pode encaixar um quadrado num círculo. Logo, qualquer que seja o projeto, sobretudo de uma sociedade, precisa ser cientificamente planejado com bases em evidências. Uma vez que não se pode levar um modelo para a realidade mas sim, a partir da realidade, se construir um modelo.

Sou humano, no sentido que acredito que independente daquilo que acredito, também estou sujeito a cometer erros e a todas as imperfeições como qualquer outro ser humano.

Sou esperançoso, no sentido que acredito que se os homens realmente decidirem criar uma sociedade que seja realmente boa para todos, inclusive para os não humanos, tal objetivo poderá ser alcançado.

Grandes esforços e uma quantidade enorme de recursos têm sido dispendidos, na luta, em prol de projetos errados de sociedades, então porque não fazê-lo em prol de um projeto certo. a começar pela concepção de um projeto de sociedade correto. Quando inseridos num projeto melhor de sociedade os homens irão se comportar diferente, ainda que mantenham sua natureza. Os problemas que hoje vivenciamos e que nos parece aterrorizadores ficarão para trás. Nosso maior desafio no presente consiste em lidarmos com nós mesmos. Pois as condições tecnocientíficas para a construção de uma sociedade bem mais desenvolvida parecem estar presentes. Vejamos isso depois em outro trabalho: *Bases para um novo mundo: esboço dos princípios de um novo projeto para a humanidade e a natureza, uma síntese*

Sugestões de medidas e políticas públicas pontuais:
para o Brasil, América Latina, Central e o mundo!

Conclusão

Com este trabalho tento apontar um conjunto de medidas que visão solucionar uma parcela dos problemas (dos principais) que nos envolvem (as sociedades e as nações) no momento presente. Tento fazê-lo levando em conta os interesses e necessidades de todos os povos e dos diferentes agentes\estruturas que compõem as sociedades humanas. É preciso reconhecer que se trata de problemas complexos e que não serão solucionados com um passe de mágica, mas talvez este material possa ajudar.

Diego Brito

Pra não dizer que não falei das flores

Caminhando e cantando e seguindo a canção
Somos todos iguais braços dados ou não
Nas escolas, nas ruas, campos, construções
Caminhando e cantando e seguindo a canção

Vem, vamos embora, que esperar não é saber,
Quem sabe faz a hora, não espera acontecer

Vem, vamos embora, que esperar não é saber,
Quem sabe faz a hora, não espera acontecer

Pelos campos há fome em grandes plantações
Pelas ruas marchando indecisos cordões
Ainda fazem da flor seu mais forte refrão
E acreditam nas flores vencendo o canhão

Vem, vamos embora, que esperar não é saber,
Quem sabe faz a hora, não espera acontecer.

Vem, vamos embora, que esperar não é saber,
Quem sabe faz a hora, não espera acontecer.

Há soldados armados, amados ou não
Quase todos perdidos de armas na mão
Nos quartéis lhes ensinam uma antiga lição
De morrer pela pátria e viver sem razão

Vem, vamos embora, que esperar não é saber,
Quem sabe faz a hora, não espera acontecer.

Sugestões de medidas e políticas públicas pontuais:
para o Brasil, América Latina, Central e o mundo!

Vem, vamos embora, que esperar não é saber,
Quem sabe faz a hora, não espera acontecer.

Nas escolas, nas ruas, campos, construções
Somos todos soldados, armados ou não
Caminhando e cantando e seguindo a canção
Somos todos iguais braços dados ou não
Os amores na mente, as flores no chão
A certeza na frente, a história na mão
Caminhando e cantando e seguindo a canção
Aprendendo e ensinando uma nova lição

Vem, vamos embora, que esperar não é saber,
Quem sabe faz a hora, não espera acontecer.

Vem, vamos embora, que esperar não é saber,
Quem sabe faz a hora, não espera acontecer.

Diego Brito

Referências bibliográficas

ALVES-MAZZOTTI, A.J. O método nas ciências sociais. In: O método nas ciências naturais e sociais: pesquisa quantitativa e qualitativa. 2.ed. São Paulo: Pioneira, 1999.

ANDRADE, V.M., SANTOS, F.H., BUENO, O.F.A. (2004). Neuropsicologia Hoje. São Paulo: Artes Médicas

BAUDRILLARD, J. A sociedade do consumo. Rio de Janeiro: Elfos; Lisboa: Edições 70, 1995.

BAUMAN, Z. Modernidade líquida. Rio de Janeiro: Zahar, 2001.

BAUM, W. Compreender o Behaviorismo: Ciência, Comportamento e Cultura. Porto Alegre: Ed. Artes Médicas Sul, 1999

BARRY & RICK. A estratégia de Barack Obama. Rio de Janeiro: Elsevier, 2009.

BARRETO, R.G. Tecnologias nas salas de aula. In: LEITE, M.; FILÉ, W. (Org.). Subjetividades, tecnologias e escolas. Rio de Janeiro: DP&A, 2002.

BARRETO, R.G. Tecnologia e educação: trabalho e formação docente. Educação & Sociedade, Campinas, v. 25, n. 89, p. 1181-12001, 2004.

CÉSAR, Willian. Nas trilhas do trabalho comunitário e

social: teoria, método e prática. Petrópolis: Vozes, 2001.

COVEY, Stephen. Os sete hábitos das pessoas altamente eficazes. Rio de Janeiro: Best Seller, 2009.

Descartes, R. (1979). Meditações metafísicas (J. Guinsburg & B. Prado Jr.,Trads.). Em V. Civita (Org.), Coleção os pensadores – São Paulo: Abril Cultural. (Original publicado em 1641)

DE MASI, Domenico.O Ócio Criativo. Rio de Janeiro: Sextante, 2000.

DE MASI, Domenico. A Emoção e a Regra. Rio de Janeiro: José Olympio, 1997.

DE MASI, Domenico. O Futuro do Trabalho. Rio de Janeiro: José Olympio, 2003.

DE MASI, Domenico. Criatividade e Grupos Criativos. Rio de Janeiro: Sextante, 2003.

FREIRE, P. Ação cultural para a liberdade. 4.ed. Rio de Janeiro: Paz e Terra, 1979.

FREIRE, P., FAUNDEZ, A. Por uma pedagogia da pergunta. 4.ed. Rio de Janeiro: Paz e Terra, 1998.

FREIRE, P. Pedagogia do oprimido. 9. ed. Rio de Janeiro: Paz & Terra,1981.

Diego Brito

FREIRE, P. Pedagogia da esperança: um reencontro com a pedagogia do oprimido. Rio de Janeiro: Paz & Terra, 1992.

FREIRE, P. Pedagogia da autonomia: saberes necessários à prática educativa. Rio de Janeiro: Paz & Terra, 1996.

FREUD, Sigmund. O mal estar da civilização. Lisboa: Relógio D'agua, 2008.

FREUD, Sigmund (1915). O Inconsciente. Edição Standard Brasileira das Obras Psicológicas Completas. Vol. XIV. Rio de Janeiro: Imago, 1996.

FREUD, Sigmund (1916). Instinto e suas Vicissitudes. Edição Standard Brasileira das Obras Psicológicas Completas. Vol. XIV. Rio de Janeiro: Imago, 1996.

FOCAULT, Michael . Vigiar e Punir. 36. ed. Petrópolis: Vozes, 2007.

FOCAULT, Michael . Microfísica do poder. 25. ed. São Paulo: Paz e Terra, 2012.

FOCAULT, Michael . As Palavras e as Coisas. 8. ed. São Paulo: Martins Fontes, 1999.

GARDNER, H. Estruturas da mente: a teoria das inteligências múltiplas. Porto Alegre: Artes Médicas Sul, 1994.

GARDNER, H. Inteligências múltiplas: a teoria na prática. Porto Alegre: Artes Médicas Sul, 1995.

Sugestões de medidas e políticas públicas pontuais:
para o Brasil, América Latina, Central e o mundo!

GOLEMAN, Daniel. Inteligência emocional. Rio de Janeiro: Objetiva, 1996.

HOBSBAWM, Eric – Era dos Extremos: O breve século XX – 1914-1991. São Paulo: Schwarcz, 2002.

HOBSBAWM, Eric - Como mudar o mundo

JEREMY & TONY. Competindo na terceira onda: os 10 mandamentos da era da informação. Rio de Janeiro: Campus, 2000.

KUMAR, K. Da sociedade industrial à pós-moderna: novas teorias sobre o mundo contemporâneo. Rio de Janeiro: Zahar, 1997.

LÉVY, P. As tecnologias da inteligência: o futuro do pensamento na era da informática. Rio de Janeiro: Editora 34, 1993.

LÉVY, P. Cibercultura. São Paulo: Loyola, 1999.

LOURDES, Maria. O que é cidadania. 3,ed. São Paulo: Brasiliense, 1995.

LUCIA, Maria. Psicopedagogia clínica: uma visão diagnóstica. Porto Alegre: Artes Médicas, 1994.

MCCONNELL, Steve. Code Complete. 2,ed. Porto Alegre: Bookman, 2005.

MORIN, Edgar. Os Sete Saberes necessários à educação do futuro. Cortez, 2000.

NUNES, Guida. Rio Metrópole de 300 Favelas. Petrópolis: Vozes, 1976.

OBAMA, Barack. A audácia da esperança: reflexões sobre a reconquista do sonho americano. São Paulo: Larousse, 2007.

PIAJET, Jean. A equilibração das estruturas cognitivas: problema central do desenvolvimento. Rio de Janeiro: Zahar, 1976.

RABUSKE, E. A. Antropologia Filosófica. Petrópolis: Vozes, 2001.

ROGERS, C. R. Tornar-se pessoa. São Paulo: Martins Fontes, 2009.

ROGERS, C. R. Terapia centrada no cliente. São Paulo, São Paulo: Martins Fontes. (Original publicado em 1951)

SANTOS, Milton, Metamorfoses do espaço habitado, Hucitec, S. Paulo 1991 (2ª ed.).

SCOTT, John. 50 grandes sociólogos contemporâneos. São Paulo: Contexto, 2009.

STAIRS e REYNOLDS. Princípios de sistemas de informação. 9. ed. São Paulo: Thomson, 2006
SKINNER, B. F. Ciência e Comportamento Humano.

Sugestões de medidas e políticas públicas pontuais:
para o Brasil, América Latina, Central e o mundo!

Brasília: Ed. UnB/ FUNBEC, (1953), 1970.

SKINNER, B. F. O Comportamento Verbal. São Paulo: Cultrix/ EDUSP, (1957), 1974.

SZYMANSKI, Heloisa (org.). A entrevista na pesquisa em educação: a prática reflexiva. Brasília: Plano, 2002.

TOFFLER, A. Previsões e premissas. São Paulo: Record, 1983.

TOFFLER, A. terceira onda. São Paulo: Record, 2000.

www.ingramcontent.com/pod-product-compliance
Lightning Source LLC
Chambersburg PA
CBHW051345280526
45784CB00007B/2821